Tiere unserer Heimat

Bibliografische Information der Deutschen Nationalbibliothek:
Die Deutsche Nationalbibliothek verzeichnet diese Publikation in der
Deutschen Nationalbibliografie. Detaillierte bibliografische Daten sind
im Internet über http://dnb.d-nb.de abrufbar.

3 2 1   C B A

Titel der polnischen Originalausgabe:
Andrzej Kruszewicz
opowiada o zwierzętach
Autor: Andrzej Kruszewicz
© MULTICO Oficyna Wydawnicza

Übersetzung: Karin Ehrhardt

Satz und technische Umsetzung: Sabine Dohme, München

ISBN 978-3-473-55450-8

www.ravensburger.de

Tiere unserer Heimat

Andrzej Kruszewicz

Ravensburger Buchverlag

LIEBE LESERIN, LIEBER LESER,

ich verrate dir jetzt einmal das Geheimrezept eines erfolgreichen Naturbeobachters: Halte die Augen offen, sei aufmerksam und versuch zu verstehen, was du siehst. Du kannst die Natur betrachten und sie dabei doch nicht sehen, weil du faszinierende und interessante Tiere übersiehst oder ihr Verhalten missverstehst. Dieses Buch gibt dir eine Menge Wissen an die Hand. Wachsam und aufmerksam zu sein musst du aber selbst lernen, und die richtigen Gewohnheiten auf deinen Streifzügen durch die Natur kannst nur du allein entwickeln. Am leichtesten geht das, wenn du zusammen mit einem erfahrenen Tierbeobachter einen Ausflug aufs Land machst. Oder wie wäre es mit einem Picknick in der freien Natur zusammen mit deiner Familie, einem Spaziergang am Fluss oder See, oder vielleicht auch einer kleinen Expedition in den Garten hinterm Haus? Was du dazu brauchst? Eine Lupe, Fernglas, Karte, Kleidung für draußen und einen Fotoapparat. Wir sehen uns dann in der bezaubernden Natur!

Andrzej G. Kruszewicz

5

INHALT

6

DACHS
Meles meles
Körperhöhe: 30 cm
Körperlänge: 80–90 cm
Gewicht: 6,5–20 kg
Lebensdauer: 12–14 Jahre

8

DACHS
MEISTER GRIMBART

Dieses hauptsächlich aus Fabeln und Zeichentrickfilmen bekannte Säugetier ist der größte bei uns vorkommende Vertreter aus der Familie der Marder. Der Dachs ist ein nachtaktives Tier und dabei sehr vorsichtig und scheu, deshalb wissen wir über ihn weniger als zum Beispiel über Füchse. Man begegnet ihm nur selten und dann eher zufällig. Es kann sogar vorkommen, dass ein Dachs direkt neben einem Forsthaus oder dicht neben einer Hütte am Dorfrand wohnt, und die Bewohner wissen nicht einmal, wer ihr Nachbar ist.

Sein weißes Gesicht mit den zwei schwarzen Streifen macht den Dachs unverwechselbar.

Borstiges Fell

STECKBRIEF
Kräftiger Körperbau, kurzer Schwanz, Pfoten mit fünf Zehen und langen Krallen

Sauberes Zuhause

Der Erdbau eines Dachses ist viel weitläufiger als der eines Fuchses. Er hat viele Eingänge und wird am liebsten am Rand einer Schlucht oder in einen Waldhügel gebaut. In einem Dachsbau ist es sehr sauber, es riecht auch nicht so streng wie bei einem Fuchs, weil der Dachs sein Geschäft in einiger Entfernung vom Bau verrichtet. Eine Dachsfamilie bewohnt einen Bau, die sogenannte Dachsburg, über viele Jahre hinweg. Sobald die Jungtiere selbstständig sind, verlassen sie ihr Zuhause, die Eltern bleiben wohnen. Wird ein Dachsbau frei, ziehen dort Füchse, Marderhunde oder sogar Wölfe ein.

In der Dachsburg lebt die ganze Familie zusammen.

Dachse haben einen ausgezeichneten Geruchssinn.

Allesfresser

Auf dem Speiseplan eines Dachses steht alles, was im Wald oder am Waldrand essbar ist. Regenwürmer sind für ihn besondere Leckerbissen, die an einem regnerischen Abend seine Hauptmahlzeit bilden. Gern gegessen werden auch Nagetiere und große Insekten wie der metallisch schillernde Mistkäfer. Frösche, Schlangen und Schnecken verschmäht er auch nicht. Im Spätsommer plündern Dachse sehr gerne Wespen- und Hummelnester. Wenn der Dachs keine tierische Nahrung findet, frisst er junges Gras oder Klee, Eicheln, Waldhimbeeren, Blaubeeren, Preiselbeeren und Pilze. Er ist also ein Allesfresser und einer der wenigen Räuber, der sich an Maulwürfe oder Igel traut.

9

Im Herbst futtern sich Dachse Fettpolster für den Winter an.

Im Nu verschwunden

Dachse haben in freier Wildbahn nur wenige natürliche Feinde. Eigentlich können ihnen nur Wölfe und Luchse wirklich gefährlich werden. Der größte Feind von Meister Grimbart ist denn auch der Mensch. Zur Jagd auf den Dachs wurde sogar eine eigene Hunderasse gezüchtet, der Dackel oder Dachshund. Obwohl die Dachse inzwischen weit weniger bejagt werden als früher, sind sie gegenüber unseresgleichen noch immer sehr vorsichtig: Wenn sie einen Menschen wittern, verschwinden sie im Nu in der Dunkelheit.

Winterschlaf

Dicht aneinandergekuschelt fallen die Dachse in den Winterschlaf. Bevor es jedoch so weit ist, müssen sie sich ganze 7 kg Fettreserven zulegen. So viel muss sein, um den Winter zu überstehen. Manchmal unterbrechen sie ihren Winterschlaf, um etwas zu trinken. Wenn der Dachs im Frühjahr erwacht, ist er nur noch Haut und Knochen. Er wiegt dann 6–8 kg, während er im Herbst noch 15–20 kg auf die Waage brachte. Bei einer Körperlänge von nur 80–90 cm ist seine herbstliche Figur ganz schön rundlich.

Dachsbabys

Vater und Mutter Dachs paaren sich im Frühjahr oder im Sommer. Im folgenden Frühjahr erblicken dann bis zu 5 kleine Babydachse das Licht der Welt. Nach der Geburt sind die Jungen mit einem weißen Flaum bedeckt und verharren 5 Wochen lang blind und taub im Bau.

Junge Dachse

Im Alter von 8 Wochen beginnen die jungen Dachse, Ausflüge nach draußen zu machen. Dazu nutzen sie meist den Schutz der Dunkelheit. Jungtiere werden 4 Monate lang gesäugt, aber sobald sie einige Wochen alt sind, fangen sie an, Fleischhappen zu sich zu nehmen, die ihnen von ihren Eltern in den Dachsbau gebracht werden. Im Herbst sind sie groß genug, um allein zurechtzukommen, aber es kommt vor, dass sie zusammen mit ihren Eltern im Familienbau überwintern.

Der Hör- und der Geruchssinn sind bei den Dachsen am besten entwickelt. Sehen können sie nicht so gut, aber es reicht, um sich zu orientieren.

Junge Dachse verbringen viel Zeit beim Spielen.

Den größten Teil des Tages verschlafen die Dachse gut versteckt in ihrer Burg. Die Dachskinder lassen sich aber auch gerne mal draußen die Sonne auf den Pelz scheinen.

WILDSCHWEIN

Sus scrofa

Schulterhöhe: 55-110 cm
Körperlänge: 90-200 cm
Gewicht: 70-200 kg
Lebensdauer: 27 Jahre

Frischlinge werden in größeren Gruppen von Wildschwein-Müttern gemeinsam betreut.

WILD-SCHWEIN

TATSÄCHLICH WILD?

Es ist zwar gefährlich und hat scharfe Hauer, und manchmal muss man sich vor ihm auf einen Baum retten, aber so wild wie früher ist das Wildschwein längst nicht mehr.

STECKBRIEF

Massiger, gedrungener Körperbau. Die Männchen (Keiler) sind schwerer und größer als die Weibchen. Sie haben aus dem Maul ragende Eckzähne.

Kann gut hören und riechen

Eckzähne (Hauer)

Kurzer Schwanz

Hufe (Schalen)

Wildschweine trifft man immer häufiger in der Stadt.

13

Anpassungsfähig

Wildschweine gibt es heute fast auf der ganzen Welt. Die Heimat dieser borstigen Allesfresser sind aber die Laub- und Mischwälder Europas sowie des mittleren und südlichen Asiens. Bis vor Kurzem waren Wildschweine sehr menschenscheu und lebten zurückgezogen in unseren Wäldern. In den letzten Jahren hat ihr Bestand jedoch stark zugenommen. Das liegt zum Beispiel daran, dass wir immer mehr Mais anbauen, ein Leckerbissen für Wildschweine, die nun Nahrung im Überfluss vorfinden. Die klugen Tiere verlieren zunehmend ihre Menschenscheu und erobern neue Lebensräume. So tauchen sie immer öfter in unseren Städten auf, wo sie Naherholungsgebiete, Parkanlagen und Brachflächen besiedeln. Das führt aber immer öfter auch zu Konflikten.

Soziale Tiere

Wildschweine leben in großen Gruppen, den sogenannten Rotten, zusammen. Die Rotte wird von der erfahrensten Bache, also einem Weibchen, angeführt. Sie besteht aus weiblichen Tieren mit ihren Frischlingen. Die bis zu 20 Tiere einer Rotte sind in der Regel miteinander verwandt. Rottenfremde Tiere hingegen werden meist verjagt. Junge Männchen ziehen in eigenen kleinen Gruppen umher. Mit zunehmendem Alter werden die Männchen, Keiler genannt, immer mehr zu Einzelgängern. Schon vor vielen Tausend Jahren hat der Mensch damit begonnen, das Wildschwein zu domestizieren. Das heißt, er begann sich wilde Schweine als Nutztier zu halten oder sie eigens zu diesem Zweck zu züchten. Das Wildschwein ist also der Stammvater all unserer Hausschweine. Durch die Zucht haben sich die häuslichen Verwandten der Wildtiere heute recht weit von ihren wilden Ahnen entfernt. Aber bei manch einer Rasse kann man die Ähnlichkeit noch gut erkennen.

Fellfarben

Im Alter von 6 Monaten tauscht der Nachwuchs allmählich das braun-beige Frischlingsfell gegen ein rostrotes. Im Herbst wächst dann ein dickes, dichtes Winterfell, das die Jungtiere in der kalten Jahreszeit warm hält. Im nächsten Frühling folgt schließlich das dunkelgrau bis schwarz gefärbte Erwachsenenfell.

Frischlinge

4 Monate nach der Paarung werden die Frischlinge geboren, niedliche gestreifte Ferkel. Die Bache hat dafür zuvor tief im Wald ein Lager gebaut, den sogenannten **Wurfkessel**, und ihn mit weichem Moos, Laub und Zweigen ausgepolstert. Dort bringt sie die Ferkel zur Welt, normalerweise eine Handvoll, manchmal auch mehr als zehn auf einmal. Mehrere Bachen betreuen ihre Frischlinge gemeinsam in einer größeren Gruppe, bis sie etwa anderthalb Jahre alt sind.

Was fressen Wildschweine?

Die Speisekarte der Wildschweine ist sehr vielseitig. Sie fressen alle essbaren Pflanzenteile und so manches aus dem Tierreich: Das können Insekten, Schnecken und andere wirbellose Tiere, aber auch Vogeleier, Mäuse und ihre Brut im Mäusenest sein, und sogar das Aas größerer Tiere. Sie lieben Kartoffeln, jungen Hafer und Mais, und im Wald Eicheln und Bucheckern.

Hervorragende Schwimmer

Wildschweine wälzen sich gerne in Schlammlöchern, den sogenannten Suhlen. Sie tun das, um Zecken, Flöhe und Läuse abzuschütteln. Was aber nur wenige wissen, sie sind auch hervorragende Schwimmer und durchqueren auf ihren Streifzügen Bäche, Flüsse und sogar Seen. Wenn sie in der Gruppe schwimmen, dann tun sie das oft in einer Reihe dicht hintereinander.

Im Sommer, wenn es heiß ist, gehen Wildschweine gerne mal ins Wasser.

Symbol für Kampfgeist

In vielen Geschichten seit der Antike gilt der Kampf gegen das Wildschwein als besondere Bewährungsprobe. Unsere Vorfahren hatten großen Respekt vor dem Wildschwein. Sie jagten es, um an sein Fleisch und an das Fell zu kommen. Ein an der Wand hängender Wildschweinkopf stand für Kampfgeist, Kraft und Mut. Kein Wunder also, dass das Wildschwein auch ein beliebtes Wappentier ist. Einer Sage zufolge hat ein Wildschwein zur Gründung der Stadt Lüneburg beigetragen.

Wird ein Wildschwein allzu sehr von Mücken und Zecken geplagt, reißt es mit seinen Hauern die Rinde von einer Kiefer herunter und reibt sich mit dem Baumharz ein, um die Plagegeister loszuwerden.

Feine Nase

Um Futter tief in der Erde aufzuspüren, verfügen Wildschweine über eine äußerst feine Nase. Der Mensch nutzt diesen super Geruchssinn, um mithilfe von dressierten Schweinen etwa Trüffel aufzuspüren, das sind leckere unterirdisch wachsende Pilze. Auch der Polizei helfen die Schnüffler etwa bei der Suche nach Sprengstoff.

Für das Wildschwein sind das Gehör und der Geruchssinn am wichtigsten.

KEGELROBBE

Halichoerus grypus

Körperlänge: 180–300 cm
Gewicht: 155–310 kg
Lebensdauer: bis zu 30 Jahren

KEGELROBBE
WILLKOMMEN ZURÜCK!

Auf Sandbänken im Wattenmeer vor der Nordseeküste können Besucher heute Kegelrobben beobachten. Das war nicht immer so. Die Ostatlantische Kegelrobbe war von unseren Stränden schon fast verschwunden und kehrte erst in den letzten Jahrzehnten wieder zurück. In letzter Zeit bekommen aber auch immer mehr Besucher der vorpommerschen Ostseeküste Robben zu Gesicht. Am Greifswalder Bodden und um die Insel Rügen herum tauchen immer mehr Baltische Kegelrobben auf, die aus Osteuropa zu uns wandern.

STECKBRIEF

Die Kegelrobbe ist an das Leben im Wasser perfekt angepasst: Sie hat keine Ohrmuscheln, ihre hinteren Gliedmaßen dienen als Steuerruder und die vorderen als Flossen.

Längliche „Hundeschnauze" mit langen Barthaaren, keine Ohrmuscheln

Graues Fell mit dunklen Flecken, unter dem Bauch heller

Hintere Gliedmaßen dienen als Steuerruder.

Kurze Schwimmflossen mit harten Krallen

Robben im Wattenmeer

Bis ins Mittelalter sollen Kegelrobben im Wattenmeer noch häufiger gewesen sein als Seehunde. Heute leben insgesamt wieder etwa 4000 Kegelrobben dort, davon etwa 1000 an Deutschlands Küsten. Sie benötigen saubere, fischreiche Gewässer, um zu jagen, außerdem hochwasserfreie Liegeplätze, wo sie sich ausruhen und ihre Jungen aufziehen können. Solche Bedingungen finden die Tiere etwa auf den Sandbänken vor Sylt und Amrum, auf der Helgoländer Düne oder auf der Kachelotplate bei der Insel Juist. Auf ihren mehrtägigen Jagdzügen legen die Kegelrobben manchmal bis zu 50 Kilometer zurück. Kein Wunder, dass sie sich danach erst mal ausgiebig in der Sonne räkeln.

Junge Robben bleiben am Ufer, bis ihnen ein wasserdichtes Fell gewachsen ist.

Ein ausgewachsener Bulle wiegt über 300 kg.

Ostseerobben

Die Zahl der Baltischen Kegelrobben in der Ostsee wächst ebenfalls seit einigen Jahren wieder an. Noch werden sie nur selten an unseren Küsten geboren, aber Jahr für Jahr fühlen sich die Tiere hierzulande wohler.

Im Frühjahr feiern die Robben Hochzeit. Die Männchen versammeln bis zu 10 Weibchen um sich. Zur Paarungszeit geht es sehr laut her, etwa wenn die Weibchen nachts unbeschreibliche Gesänge zum Besten geben.

Alle Robben lassen sich gerne die Sonne auf den Bauch scheinen.

Gute Aussichten

Ausgewachsene Robben bleiben eher in einer Region. Es sind ihre Kinder, die gerne durch die Welt ziehen, und das sogar über Entfernungen von 1000 Kilometern. Ein Robbenkind, auch Welpe genannt, kommt nach einer fast einjährigen Tragezeit auf die Welt. Es ist dann mit einem sehr dichten, flaumigen und weißen Pelz bedeckt. Bis vor gar nicht so langer Zeit wurden die Jungtiere wegen dieses Fells stark bejagt. Inzwischen sind ihre Pelze zum Glück aus der Mode gekommen. Deshalb wächst ihre Zahl wieder. Robben sind unter Wasser hervorragende Jäger: Sie können gut 100 Meter tief tauchen und etwa 30 Minuten unter Wasser bleiben, dort ihre Beute fangen und verschlingen.

Nach gelungenem Beutezug erholt sich die Robbenkolonie am Strand und sammelt neue Kräfte für die Jagd auf Heringe, Dorsche und Flundern.

Lebenserwartung

Weibliche Kegelrobben werden mit 4 Jahren ge-
schlechtsreif, Männchen mit 6. Sie wachsen aber
noch weiter bis in ein Alter von 10 bis 15 Jahren.
Im Schnitt erreichen die Tiere ein Alter von 20 bis
30 Jahren. Hat eine Robbe Glück, kann sie sogar
bis zu 45 Jahre alt werden.

An Land wirken Robben
eher unbeholfen.

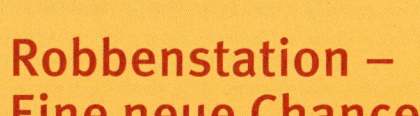

Robbenstation –
Eine neue Chance

Die Jugendzeit einer Robbe ist alles andere als
einfach. Sobald ein Robbenbaby etwa einen
Monat alt ist, muss es lernen, im Wasser Fische
zu jagen. Auf sich allein gestellt kann sich die
junge Robbe nur auf ihren Instinkt verlassen,
denn von ihrer Mutter bekommt sie keine Hilfe
mehr. Kein Wunder also, wenn nur wenige Jungtiere überleben. Manchmal kommt so eine aus-
gemergelte Jungrobbe an unsere Strände. Dann
wird sie von Helfern einer Robbenstation ein-
gesammelt, aufgepäppelt und wieder freigelassen, und bekommt damit eine neue Chance.

Ab ins Wasser!

Etwa 4 Wochen nach der Geburt wird
aus dem flauschigen Fell ein wasser-
dichter Pelz. Bis es so weit ist, legt ein
Robbenjunges ordentlich an Gewicht
zu: von 6–8 kg bei der Geburt bis zu
etwa 25 kg beim ersten Ausflug ins
Wasser. Die hoch konzentrierte Milch
seiner Mutter ermöglicht dieses rasche
Wachstum.

Die Mutter erkennt ihr Junges am Strand an
der Stimme. Sie bringt ihm Nahrung und kehrt
anschließend sofort ins Meer zurück.

Im Wasser sind Robben schnell und vollbringen
wahre Kunststücke.

FRETTCHEN

Mustela putorius furo

Körperlänge: 35–45 cm
Gewicht: 0,5–2,9 kg
Lebensdauer: 8–11 Jahre

FRETTCHEN
DER GEZÄHMTE ILTIS

Das Frettchen ist die Zuchtform des Iltisses, eines Säugetiers aus der Marderfamilie, das bei uns in feuchten Waldgebieten und an Wasserufern lebt. Sein wissenschaftlicher Name lautet *Mustela putorius furo*. *Mustela* heißt auf Lateinisch Wiesel und *fur* stammt vom lateinischen Wort für Dieb. *Putorius* bezeichnet den üblen Geruch, den Iltisse absondern, wenn sie sich erschrecken.

Zahme Frettchen lieben es, sich zu verstecken. Das haben sie von ihren wilden Vorfahren.

Steckbrief

Die Körperlänge eines ausgewachsenen Frettchens beträgt etwa 45 cm, das Weibchen ist deutlich kleiner und zierlicher. Ein ausgewachsenes Männchen ist sogar doppelt so schwer wie ein Weibchen. Exemplare, die mehr als 1,5 kg wiegen, gelten als mollig, obwohl es ein Rekordhalter auf 3,5 kg brachte.

Kurze Ohren

Scharfe Fangzähne

Kurzer Schwanz

Weiß oder dunkelbraun?

Will man ein Frettchen als Haustier halten, lohnt es auch, über die Farbe des zukünftigen Schützlings nachzudenken. Wenn Frettchen ein reinweißes Fell und rote Augen haben, dann sind sie besonders empfindlich. Es gibt sie aber auch in Rotbraun, Hellbraun, Grau, bis hin zu sehr dunklem, braunen Fell mit helleren Stellen unter dem Bauch und am Kopf. Dunkler gefärbte Tiere sind widerstandsfähiger gegen Krankheiten und leichter zu halten.

Unterschiedliche Fellfarben

Kaninchenjäger

Frettchen werden schon seit Tausenden von Jahren als Haustiere gehalten. Bereits der griechische Philosoph Aristoteles beschrieb gezähmte marderähnliche Haustiere und damit wahrscheinlich Frettchen. Der Römer Plinius berichtete über die Kaninchenjagd mit Frettchen. Ähnliche Jagden werden in Texten und auf Bildern aus dem Mittelalter beschrieben. Dabei wird das Frettchen in einen Kaninchenbau gelassen. Das Kaninchen flieht vor dem Eindringling nach draußen, wo schon der Jäger wartet. Bei dieser Jagdmethode trägt das Frettchen einen Maulkorb.

Ein Haustier?

Frettchen wurden außerdem für die Jagd auf Mäuse und Ratten genutzt. Sie erledigten also das, was wir heute den Katzen überlassen. Als Haustiere sind sie aber nur bedingt geeignet, ihre Pflege ist sehr anspruchsvoll.

Wunderschönes Fell

Frettchen können bis zu 11 Jahre alt werden. Meist haben sie jedoch ein kürzeres Leben, weil bei ihrer Haltung Fehler gemacht werden oder weil sie bei Unfällen umkommen. Beim Spazierengehen muss man auf das Frettchen besonders gut aufpassen, damit es nicht von Hunden angegriffen wird.

Wilde Mischung

Das Frettchen mischt sich leicht mit seinen Artverwandten und kann mit ihnen viele Nachkommen haben. Am besten klappt es mit dem Iltis, sehr gut aber auch mit dem Hermelin. Manche Züchter nutzen diese Eigenschaft für die Suche nach neuen Farbvarianten bei diesen ungewöhnlichen und immer beliebter gewordenen Säugetieren.

Heute erwartet niemand mehr vom Frettchen, Mäuse zu fangen, deshalb sollte man es sich gut überlegen, es als Haustier zu halten, weil es kein sehr einfaches Tier ist.

Frettchenkinder

Die Jungtiere kommen meist im Mai zur Welt. Wenn sie geboren werden, sind sie mit einem feinen Flaum bedeckt, wiegen nur 6–10 g, haben geschlossene Augen und sind völlig auf die Fürsorge ihrer Mutter angewiesen. Ihre Augen öffnen sie frühestens nach einem Monat. Zur gleichen Zeit fangen sie an zu hören. Ihre Milchzähne kommen früher, im Alter von 2 Wochen. Die Kleinen werden gesäugt, bis sie 6–8 Wochen alt sind. Sobald ihre Zähne da sind, saugen sie seltener und fangen an, feste Nahrung zu sich zu nehmen.

Frettchen sind ungeheuer neugierig.

24

Im Alter von etwa 2,5 Monaten werden die Jungen selbstständig und können von der Mutter getrennt werden. Aber weil das Herumtollen der Frettchenfamilie so ein lustiges Spektakel ist, sollte man sich damit nicht beeilen.

Die durstigen Kleinen machen der Mutter ganz schön zu schaffen.

Anspruchsvoller Hausgenosse

Das Frettchen muss regelmäßig gefüttert werden, und zwar mit dem allerbesten, speziell für Frettchen entwickelten Futter. Wasser zum Trinken, eine Toilette und Spielzeug gehören zur Mindestausstattung des Käfigs. Auch tägliche ausgedehnte Spaziergänge sind wichtig. Fehler in der Pflege oder Stress führen rasch zu Krankheiten. Futter darf nicht zu reichlich gegeben werden, sondern in kleinen Portionen über den Tag verteilt. Zwischen den Mahlzeiten schläft das Frettchen, aber sobald die menschlichen Mitbewohner wieder zu Hause sind, platzt es vor Energie. Dann braucht es viel Aufmerksamkeit, will toben und spielen. Danach isst es noch einen Happen und geht wieder schlafen.

Ein Frettchen braucht täglich Auslauf.

Was ist zu beachten?

Um die Pflege zu vereinfachen, sollten bei den jungen Männchen die Duftdrüsen entfernt und die Weibchen sterilisiert werden. Das macht am besten ein Tierarzt, der auf Frettchen spezialisiert ist. Regelmäßige Untersuchungen, Entwurmungskuren und Impfungen dürfen beim Frettchen auf keinen Fall vergessen werden.

Erst fressen und trinken …

dann spielen …

und schließlich schlafen.

ZAUNEIDECHSE

Lacerta agilis
Länge: 20–25 cm
Gewicht: 20 g
Lebensdauer: 10–12 Jahre

Waldeidechse

UNSERE EIDECHSEN

VIER VON FÜNF

Es gibt bei uns 5 verschiedene Eidechsen-Arten. Allgemein bekannt ist die **Zauneidechse**. Die **Waldeidechse** lebt unter anderem in Mooren und kommt bei uns am häufigsten vor. Außerdem haben wir noch die **Mauereidechse**, die sich gerne an trockenen Felswänden sonnt. Die vierte und fünfte Eidechsenart ist so selten, dass man an ihrem Vorkommen bei uns zweifeln könnte: die **Östliche Smaragdeidechse** und ihre Schwester, die **Westliche Smaragdeidechse**. Eng mit den Eidechsen verwandt ist außerdem die Blindschleiche.

Charakteristisches Rückenmuster, das an eine Leiter erinnert.

Zauneidechse

Die Zauneidechse ist sehr scheu. Mit einem Fernglas kannst du sie aber gut aus der Distanz betrachten, um ihre Färbung und das Muster auf ihrer Haut zu studieren.

Eidechsen haben eine ganze Menge Feinde und müssen ständig auf der Hut sein. Die Tiere beherrschen aber einen tollen Trick, der ihnen manches Mal aus der Patsche hilft, wenn ihnen Bussarde, Wiesel oder die Schlingnatter zu sehr auf die Pelle rücken. Sie können nämlich das hintere Ende ihres Schwanzes abwerfen, um aus größter Not zu entkommen. Das lenkt die Feinde ab und die Eidechse kann sich in Sicherheit bringen.

Wenn du dich an einer warmen Steinmauer auf die Lauer legst, kannst du manchmal so eine Eidechse ohne Schwanz beobachten. Aber keine Sorge, das verlorene Hinterteil wächst mit der Zeit wieder nach. Nicht umsonst heißt es ja: Die Zeit heilt alle Wunden.

Die Zauneidechse ist bei uns weit verbreitet. Ausgewachsene Männchen werden über 20 cm lang. Im Frühjahr ist ihre Färbung besonders schön: leuchtend grün mit einem schönen Muster auf dem Rücken.

Blindschleiche

In den Mittagsstunden, wenn es am wärmsten ist, sind alle Eidechsen am aktivsten und deshalb gut zu beobachten. Nachts und an verregneten Tagen schlafen sie in ihren Schlupflöchern, die sie sich unter Wurzeln oder in Steinritzen einrichten. Im Winter graben sie tiefer, um unter den gefrorenen Erdschichten zu bleiben.

Östliche Smaragdeidechse

Zauneidechse

Die Zauneidechse bewohnt sonnige offene Flächen, wie etwa Lichtungen, Waldrandstreifen mit lichtem Unterholz, dünn bewachsene Heideflächen oder den Steingarten vor unserer Haustür. .

Im Mai und Juni halten die Zauneidechsen Hochzeit. Das Weibchen vergräbt dann 10–15 weichschalige Eier in der Erde. Die Jungen schlüpfen nach 7–10 Wochen, je nach Wetter.

Weibliche Zauneidechsen sind kleiner und unauffälliger gefärbt als die Männchen.

Das beschädigte Schwanzende wächst nach, aber nicht immer wie vorher.

Das Männchen ist in der Paarungszeit oft prächtig grün, manchmal türkisfarben.

ÖSTLICHE SMARAGD-EIDECHSE

Lacerta viridis

Länge: 22–35 cm
Gewicht: 100–150 g
Lebensdauer: 12–15 Jahre

Smaragdeidechsen – selten und schön

Die Östliche Smaragdeidechse *(Lacerta viridis)* kommt vor allem in Südeuropa vor. In Deutschland ist sie vom Aussterben bedroht. Man trifft sie nur noch an den Donauhängen im Südosten Bayerns und in Ostbrandenburg an. Die Westliche Smaragdeidechse *(Lacerta bilineata)*, die ihrer östlichen Schwester zum Verwechseln ähnlich sieht, findet man noch am Kaiserstuhl und im Mittelrhein-Mosel-Gebiet. Deutschland zählt zu den wenigen Ländern, in denen beide Arten zugleich vorkommen.

Im Frühjahr verlassen die
Smaragdeidechsen ihr Winterquartier und häuten sich. Die
Männchen legen dabei ihr
Paarungskleid mit dem auffällig
blau gefärbten Kopf an. So
schick herausgeputzt, kann es
dann auf Brautschau gehen.

29

BLIND-SCHLEICHE

Anguis fragilis

Länge: 30–45 cm
Gewicht: 120–150 g
Lebensdauer: 15–20 Jahre

Keine Beine

Die Blindschleiche ist eine nahe Verwandte der Eidechse aus der Familie der Schleichen. Diese Echse hat die Beine im Laufe ihrer Entwicklungsgeschichte verloren, nur im Knochenbau sind sie noch als winzige Stummel zu erkennen. Sie gleitet langsam und etwas unbeholfen durch Laub und Moos und kann deshalb auf offenen Flächen recht häufig beobachtet werden.

Keine Schlange, sondern eine Echse ohne Beine

Die Blindschleiche, die man früher auch Haselwurm nannte, ist weder blind, noch ist sie ein Wurm. Und giftig ist sie übrigens auch nicht. Dieses harmlose und sehr sympathische Reptil frisst nur Regenwürmer, Schnecken und Insektenlarven. Wenn die Blindschleiche eine Länge von etwa 20 cm erreicht, ist sie bereit, Nachwuchs zu bekommen.

Das Weibchen legt keine Eier ab, sondern trägt sie in sich, um ihnen die Wärme zu geben, die die Baby-Blindschleichen für ihre Entwicklung brauchen. Das mit etwa zehn kleinen Blindschleichen angefüllte Weibchen ist am Ende ihrer Tragezeit besonders schwerfällig. Dann muss sie sich vor ihren Feinden noch mehr in Acht nehmen.

Im Spätsommer bringt sie ihre Kleinen zur Welt, die dann etwa 8 cm lang sind. Forscher glauben, dass Blindschleichen sehr langlebig sein können. Exemplare, die 30 bis 40 Jahre alt werden, sind gar nicht so selten, und manche werden sogar 50. Lasst uns also die Blindschleiche mit Respekt behandeln, wenn sie uns über den Weg schleicht.

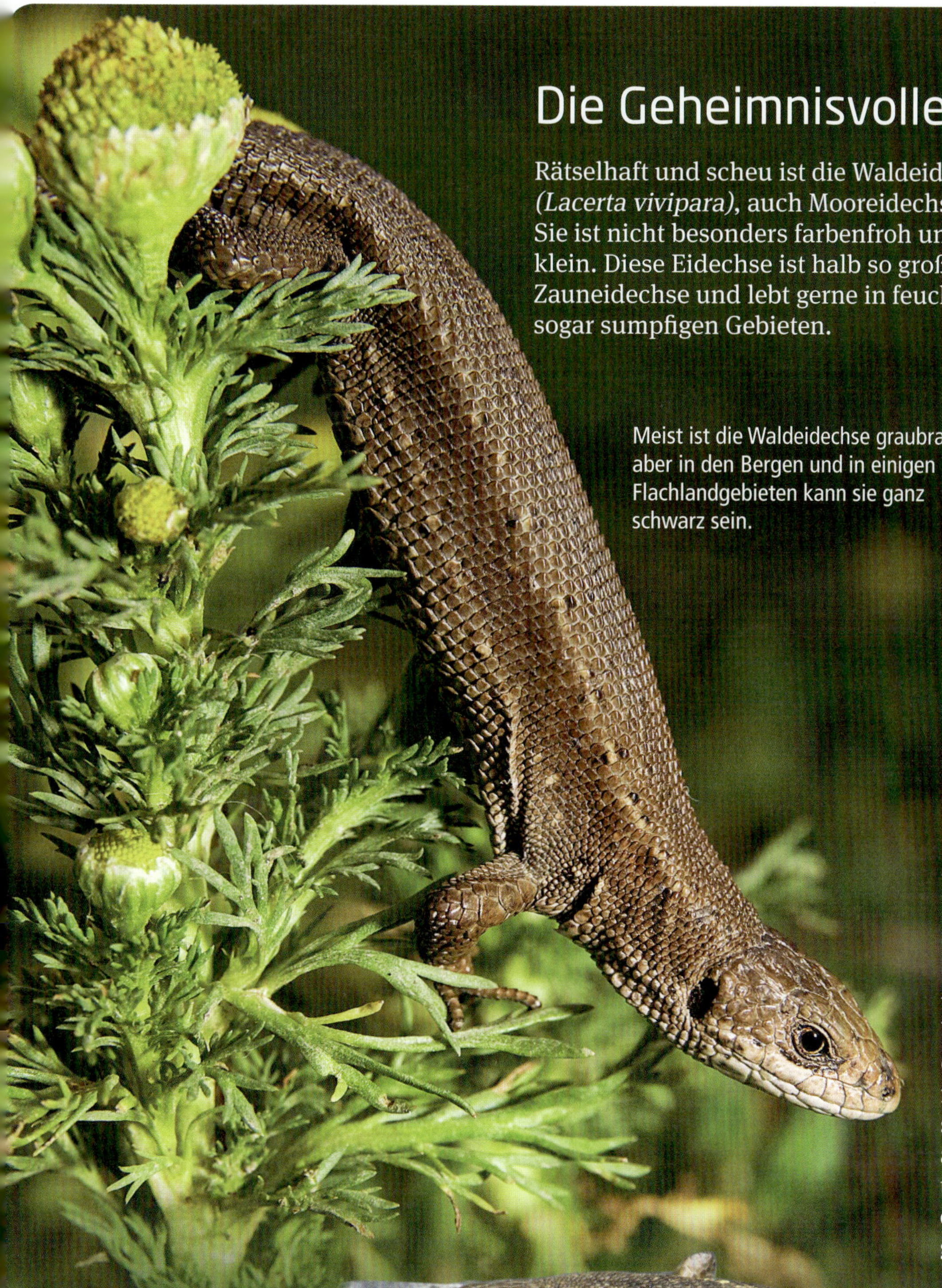

Die Geheimnisvolle

Rätselhaft und scheu ist die Waldeidechse *(Lacerta vivipara)*, auch Mooreidechse genannt. Sie ist nicht besonders farbenfroh und sehr klein. Diese Eidechse ist halb so groß wie die Zauneidechse und lebt gerne in feuchten oder sogar sumpfigen Gebieten.

Meist ist die Waldeidechse graubraun, aber in den Bergen und in einigen Flachlandgebieten kann sie ganz schwarz sein.

WALD-EIDECHSE

Lacerta vivipara
Länge: 12–16 cm
Gewicht: 25–50 g
Lebensdauer: 8–12 Jahre

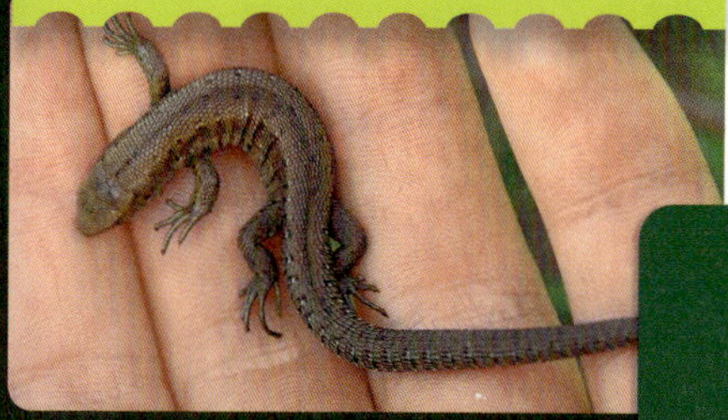

Die Waldeidechse schafft es, auch in kälteren Klimazonen Nachwuchs zu bekommen, da das Weibchen seine Eier nicht im lockeren Erdreich vergräbt, sondern sie so lange in seinem Körper trägt, bis die Jungen fertig entwickelt sind. Deshalb kommt dieses kleine Reptil weit im Norden vor und manchmal sogar hoch in den Bergen. Würde das Weibchen die Eier im Sand vergraben, hätte das Gelege nur so viel Wärme zur Verfügung, wie ihm dieser eine ausgesuchte Platz bieten könnte. Die Strategie der Waldeidechse ist besser: Mit den Eiern in ihrem Bauch sucht sie fleißig nach sonnigen Plätzen, um die Brut in sich aufzuwärmen. In einem Wurf sind meistens etwa sechs kleine Eidechsen, aber es gibt auch eine Rekordhalterin, die ein ganzes Dutzend zur Welt brachte.

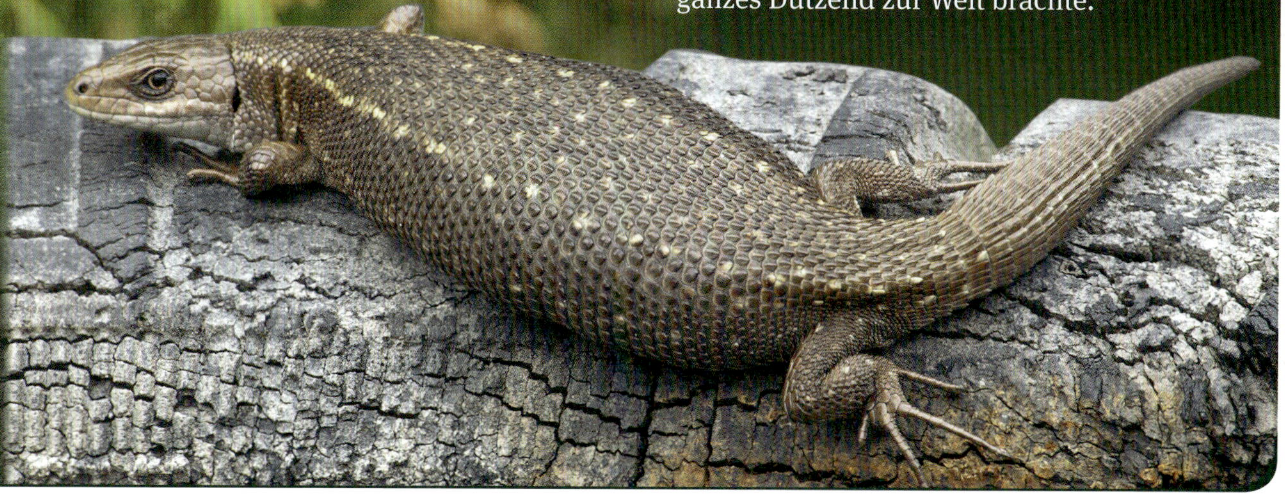

Vor der Geburt der Jungen ist das Weibchen dick und schwer.

ROTHIRSCH
Cervus elaphus

Schulterhöhe: 120–150 cm
Körperlänge: 170–220 cm
Gewicht: 120–220 kg
Lebensdauer: 12–15 (23) Jahre

ROTHIRSCH
STOLZ UND SCHEU

Der Rothirsch ist mit seinem prächtigen Geweih der König des Waldes. Die majestätischen Tiere aus der Familie der Edelhirsche können ausgezeichnet hören, riechen und sehen. Rothirsche sind außerdem sehr scheu und vorsichtig. In der Brunftzeit im September und Oktober ertönt im Wald ihr typisches Röhren.

STECKBRIEF
Der Rothirsch ist gräulichgelb im Winter und rotbraun im Sommer. Das Männchen trägt ein mächtiges, jedes Jahr neu nachwachsendes Geweih.

Mächtiges, verzweigtes
Geweih

Bewegliche Ohren,
gutes Gehör

Stummelschwanz, darunter
der hell gefärbte Spiegel

Ein Hirschbock mit seinem prächtigen Kopfschmuck

Krönendes Geweih

Ein ausgewachsener Hirschbock trägt ein großes verzweigtes Geweih. Ein Junghirsch hat dagegen ein dünnes und noch nicht verzweigtes Gehörn, die Spieße. Im Frühjahr wirft der Hirsch sein altes Geweih ab und das neue beginnt zu wachsen. In dieser Zeit lebt der Hirsch versteckt im tiefsten Wald. Solange das Geweih wächst, ist es empfindlich und mit einer samtartigen Haut, dem Bast, bedeckt. Jedes Jahr wird es ein Stück größer als im Jahr davor. Im August oder September ist es ausgewachsen, dann fällt der Bast ab und der Hirsch zeigt sich der Welt mit einem nagelneuen Geweih. Jede Geweihstange kann 8-10 kg wiegen. Je mehr Abzweigungen am Ende einer Stange zu sehen sind, desto prächtiger ist das Geweih. Am schönsten sind Geweihe, die mit ihren Enden eine sogenannte Krone bilden. Wenn der Hirsch alt wird, wächst sein Geweih kleiner nach.

Einjähriger Bock mit Spießen

Das Geweih wird im Frühjahr abgeworfen und wächst im Laufe des Sommers nach.

Die Hirschfamilie: Hirschbock, Hirschkuh und Hirschkalb

Das Reh ist ein kleines Tier. Ein Rehbock wiegt höchstens 25 kg. Das Weibchen, das Ricke genannt wird, ist etwa 20 kg schwer. Rehe kann man vor allem auf Waldlichtungen und am Waldrand beobachten.

Hirsch oder Reh?

Viele Menschen verwechseln Hirsche mit Rehen. Das ist so, als würde man einen Schäferhund mit einem Pekinesen verwechseln. Rehe und Hirsche gehören zu zwei völlig verschiedenen Gattungen. Hirsche – sowohl Böcke als auch Kühe – sind viel größer als Rehe. Hirsche leben in Wäldern und kommen nur selten ins Offene. Nur in den Bergen, auf Almweiden und Bergwiesen kann man manchmal Herden von Hirschen unter freiem Himmel sehen, die auf spärlichem Gras weiden.

Hirschkuh
120 kg

Rehbock
25 kg

Hirschbrunft

Der Herbst ist die Paarungszeit der Hirsche, auch Brunft genannt. In dieser Zeit kämpfen die Hirschböcke um die Weibchen. Der stärkste Hirsch versammelt um sich eine kleine Gruppe von Hirschkühen und bleibt bei ihnen bis zum Wintereinbruch. Dann verlässt er sie und zieht sich in sein Versteck zurück. Die Hirschkühe bleiben bis zum Frühjahr zusammen.

Außerhalb der Brunftzeit leben Hirschkühe und Hirschböcke getrennt.

Kämpfe in der Paarungszeit

Das Hirschkalb

Im Mai sucht sich jede Hirschkuh ein eigenes Revier. Dort bringt sie ihr Hirschkalb zur Welt. Sein Fell ist gefleckt, sodass es zwischen den trockenen Blättern auf dem Waldboden kaum zu erkennen ist. Die Mutter besucht ihr Kalb immer nur kurz, um es zu säugen. Wenn sein Hunger gestillt ist, versteckt es sich sofort wieder. Zwei Wochen nach der Geburt fängt es an, hinter der Mutter herzulaufen, und zupft hier und da ein paar Kräuter oder zarte Grashalme. Milch bekommt es aber noch bis in den Herbst hinein und es bleibt bis zum Frühjahr bei seiner Mutter.

BRAUNBRUST-IGEL

Erinaceus europaeus
Länge: 35 cm
Gewicht: 1,2–2 kg
Lebensdauer: 8–10 Jahre

Igelstacheln sind umgewandelte Haare.

IGEL
ZWEI ARTEN IN EUROPA

Jeder kennt den putzigen Igel. Kaum jemand weiß jedoch, dass es in Europa zwei Igelarten gibt: den Braunbrustigel, auch Westeuropäischer Igel oder Westigel genannt *(Erinaceus europaeus)*, und den Nördlichen Weißbrustigel oder auch Osteuropäischer Igel *(Erinaceus roumanicus)*. Wie die Namen schon verraten, lebt der Westeuropäische Igel in ganz Westeuropa, aber auch in Südeuropa und Südskandinavien, und der Osteuropäische Igel in Mittel- und Osteuropa. In Deutschland und Österreich kommen beide Arten vor, in der Schweiz hingegen nur der Westigel.

STECKBRIEF

Die Körperlänge eines ausgewachsenen Igels erreicht 35 cm. Er ist also unser größter Insektenfresser. Im Frühjahr wiegt ein Igel weniger als 1 kg und im Herbst fast doppelt so viel.

Scharfe Krallen

Westeuropäischer Igel

Osteuropäischer Igel

Weißer Fleck auf
der Brust

Möweneier

Gegen einen ausgewachsenen
Igel hat eine Katze keine Chance.

Feinde

Ein natürlicher Feind des Igels ist der
Dachs, der vor den scharfen Igelstacheln
keine Angst hat, weil seine Krallen besonders lang und kräftig sind. Auch der Uhu
kommt auf diese Weise an den Igel heran,
aber im Gegensatz zum Dachs ist diese
Eulenart bei uns sehr selten. Auch Füchse
jagen junge Igel, die ausgewachsenen sind
für sie aber ein zu schwieriger Gegner.

Das liegt vor allem daran, dass Igel sich
gut verteidigen können. Spezielle Muskeln
ermöglichen es ihnen, sich rasch zu einer
Kugel zusammenzurollen. Wer immer auch
ihnen zu nahe kommt, sieht sich plötzlich
einer stacheligen Kugel gegenüber.

Speisezettel des Igels

Der Igel braucht Fettpolster, um den Winterschlaf
zu überleben, deshalb ist er ab dem Spätsommer
nur mit der Futtersuche beschäftigt. Er frisst am
liebsten Insekten, Regenwürmer und Schnecken.
Gerne plündert er auch die Nester von Mäusen
und von Vögeln, die auf dem Boden nisten. Aas
findet er auch ganz lecker und schreckt nicht vor
Schlangen zurück. Manche Igel gehen regelmäßig
an Straßenrändern Streife, auf der Suche nach
Insekten, Vögeln und kleinen Säugetieren, die von
Autos überfahren wurden.

Der Dachs ist ein
Feind des Igels.

Paarungszeit

Wenn das Thermometer im Frühjahr über 15° C klettert, wacht der Igel aus seinem Winterschlaf auf. Dann beschäftigt er sich zuerst nur mit Fressen, um die im Winter verbrauchten Fettpolster wieder aufzufüllen. Dann beginnt die Paarungszeit, in der die Männchen miteinander um die Weibchen kämpfen. Sie schubsen und stoßen sich gegenseitig weg. Der Stärkste von ihnen kann sich dem Weibchen nähern, das sich jedoch vor Schreck zu einer Kugel zusammenrollt.

Dann fängt der Igel an zu tanzen, um das Weibchen für sich zu gewinnen. Er rennt um sie herum, stampft und schnaubt und faucht. Nur wenn sie ihn akzeptiert, kann er sich ihr nähern, ohne sein weiches Bäuchlein zu gefährden.

Die Stacheln eines Igelkinds sind noch weich.

Igelkinder

Wenn alles gut geht, bringt das Weibchen nach einer fast zwölfmonatigen Tragezeit in einem unter Reisig oder einem entwurzelten Baum versteckten Nest die kleinen Igel zur Welt. Sie haben dann schon Stacheln, die aber noch weiß und ganz weich sind. Während ein neugeborener Igel 100 Stacheln hat, die eigentlich umgewandelte Haare sind, hat ein ausgewachsenes Exemplar ungefähr 5000 Stacheln.

Neugeborenes

Junge Igel sind ganz schön neugierig.

Den Winter verschlafen Igel zusammengerollt im geschützten Nest.

Herbstliche Futtersuche

Igel beginnen ihren Winterschlaf, wenn die Lufttemperatur einige Tage hintereinander unter 10° C fällt. Deshalb suchen sie im Herbst intensiv nach Futter, um so dick und rund zu werden wie nur möglich. Jungtiere aus dem zweiten Wurf haben deshalb keine großen Chancen, den Winter zu überstehen. Wenn der Frühling spät kommt und kalt ist, werden auch die Igel aus dem ersten Wurf nicht rechtzeitig selbstständig. Hat ein Igel sehr viel Glück, kann er auch 15 Jahre alt werden, aber in der Regel wird er nur wenige Jahre alt.

Winterschlaf

Während des Winterschlafs sinkt die Körpertemperatur auf 5–6° C. Für sein langes Schläfchen braucht der Igel einen ruhigen, sicheren und warmen Ort, deshalb sollte man für ihn im Garten einen unordentlichen Haufen aus Blättern und Reisig zurücklassen.

GÄMSE

Rupicapra rupicapra
Schulterhöhe: 90 cm
Länge: 120–130 cm
Gewicht: 30–60 kg
Lebensdauer: 15–20 Jahre

GÄMSE
ÜBER STOCK UND STEIN

Wenn du in den Bergen bist, halte nach Gämsen Ausschau. Am häufigsten kann man sie in den Alpen antreffen. Sie sind wahre Kletterkünstler. Verschiedene Unterarten der Gämse bewohnen unterschiedliche Gebirgslandschaften. So lebt in der polnischen Tatra eine besonders schöne, aber sehr seltene Unterart, die Tatra-Gämse. Die Pyrenäen-Gämse findet man nur in den Pyrenäen und im Apennin. Als Hornträger ist die Gämse nah mit der Ziege verwandt.

STECKBRIEF

Die Gämse misst am Widerrist, das heißt an der Stelle, wo die Schulterblätter den höchsten Punkt des Körpers bilden, ungefähr 90 cm. Die Gamsböcke sind größer und schwerer als die Weibchen. Nach einem langen Winter aber sind alle Gämsen ausgemergelt und viel leichter als im Herbst.

Die Hörner wachsen ein Leben lang.

Schwarzer Aalstrich

Kräftiger Körper

Die Hinterbeine sind länger.

Hartes Bergleben

Als Nahrung dienen der Gämse Gräser, Moose, Flechten, Löwenzahn, Heidelbeertriebe, Thymian und andere Kräuter. Gerne frisst sie auch Pilze. Im Winter zupft sie an den Nadeln von Zwergkiefern oder knabbert an der Rinde einer Eberesche. Manchmal gelingt es ihr, einzelne trockene Grashalme aus dem Schnee zu graben. Kein leichtes Leben also. Außerdem wird sie von Steinadlern, Luchsen und Wölfen gejagt. Jüngere Gämsen müssen auch Angriffe von Füchsen, Dachsen und Raben befürchten. Doch Gämsen sind keine leichte Beute. Sie leben hoch in den Bergen und beobachten von oben ihre Umgebung, reglos zwischen den Felsen versteckt. Dann sind sie sehr schwer zu entdecken, können aber mit ihrer ausgezeichneten Sehkraft die Umgebung genau beobachten.

Frühaufsteher

Gams-Herden setzen sich aus bis zu zwanzig Tieren zusammen. Am besten lassen sie sich beobachten, wenn man schon in aller Frühe in den Bergen ist, sich sehr still verhält und sein Fernglas aufmerksam auf die Bergwiesen im Hochgebirge richtet.

Kletterschuhe

Bei Gefahr pfeift die Gämse laut, trampelt mit den Hufen und verschwindet zwischen den Felsspitzen. Ihre Hufe sind hervorragend zum Laufen über glatte Felsen geeignet. Die Kanten sind hart und scharf, aber das Innere ist gummiartig weich und gibt der Gämse einen guten Halt auf glatten Oberflächen.

Früher verehrte man die Gämse wegen der Bezoare. Ein Bezoar ist ein von Harz durchdrungener harter Klumpen aus unverdauten Haaren und Pflanzenfasern. Er kann vor allem im Frühjahr im Magen einer Gämse gefunden werden. Die Menschen glaubten damals, Bezoare hätten heilende Wirkung.

Die Hinterbeine der Gämse sind länger als ihre Vorderbeine. Dadurch kann sie schneller einen Berg hinauflaufen und weiter springen. Die niedrigen Pflanzen an der steilen Felswand erreicht sie so auch besser: Wenn sie mit dem Kopf in Richtung Bergspitze steht, kann sie sich leichter bücken und mit ihrem ganzen Gewicht auf den langen Hinterläufen ist sie jederzeit zur Flucht bereit. Will sie nach unten laufen, sind die langen Hinterbeine eher ein Hindernis.

Gämsenkinder

Nach der Paarungszeit im Oktober und November und einer Tragezeit von 24–26 Wochen kommen die kleinen Gämsen zur Welt, meistens im Mai. Fast immer ist es nur ein Gämsen-Kind, aber Zwillinge und Drillinge kommen auch vor. Die Mutter kümmert sich anderthalb Jahre um ihren Nachwuchs. Mit drei Jahren ist eine Gämse alt genug, um selbst Junge zu bekommen. Gämsen werden im Normalfall 15 Jahre alt, manchmal sogar bis zu 25. Ihre Hörner, die sogenannten Krucken, wachsen ein Leben lang. Anfangs sind sie ganz gerade. Bei ausgewachsenen Gämsen biegen sie sich hakenartig nach hinten.

An Form und Größe der Krucken kann man das Alter und das Geschlecht der Gämse bestimmen. Man muss sich damit aber beeilen, weil das Tier, kaum entdeckt, blitzschnell zwischen den Felsen verschwindet.

45

Wiederkäuer

Besonders fleißig sucht eine Gämse ihr Futter früh am Morgen und am Abend. Tagsüber und nachts ist sie hingegen mit Wiederkäuen beschäftigt. Während des Fressens beißt sie die Pflanzentriebe nur ab und schluckt sie unzerkaut hinunter. Später wandert die Nahrung wieder ins Maul zurück, wo sie gründlich zerkaut und anschließend wieder geschluckt wird. Sie kommt dann in einen anderen Teil des Magens.

MAULWURF
TOLLER TUNNELBAUER

Jeder kennt ihn, aber kaum jemand hat schon einmal einen lebenden Maulwurf gesehen. Sichtbar sind nur die Maulwurfshügel, die er hinterlässt. Wegen dieser umfangreichen Bauten stellen sich viele den kleinen Baumeister größer vor, als er tatsächlich ist. Er bringt es gerade mal auf 15–20 cm Länge und ein Gewicht von 100–120 g.

STECKBRIEF

Der Maulwurf besitzt ein dichtes weiches Fell. Auf einem Quadratmillimeter seiner Haut wachsen kreuz und quer bis zu 200 feine Haare.

Die Ohren sind vor hereinrieselnder Erde geschützt, weil sie mit besonderen Hautfalten und dichten Haaren bedeckt sind.

Kleine scharfe Zähne zeigen, dass der Maulwurf ein Raubtier ist.

Besonders kräftige Vorderpfoten erleichtern dem Maulwurf das Leben im Erdreich.

Auf Streife

Alle 3 bis 4 Stunden wacht der Maulwurf auf und geht auf Streife in seinem unterirdischen Königreich. Ein einziger Maulwurf kann einige Hundert Meter lange Tunnel graben, im Normalfall sind es etwa 200 m. Sein Territorium ist bis zu 5000 Quadratmeter groß. Nach vier Stunden Graben und Jagen schläft der satte Maulwurf ein.

Finde den Ausgang

Bau mit Kamin

Maulwurfshügel sind Belüftungskamine und Aushubhalden für die Gänge. Unter dem größten Hügel baut das Tier für gewöhnlich sein Nest, in dem die Jungen zur Welt kommen. Bei der Geburt sind sie nackt und blind, aber das überrascht nicht, wenn man weiß, dass bei einem ausgewachsenen Maulwurf die Augen nur einen Millimeter Durchmesser haben. In einem Wurf können bis zu 7 Maulwurfkinder sein, die bis zum Herbst unter der Obhut der Mutter bleiben.

Kleiner Vielfraß

Der Maulwurf gräbt ausgedehnte Gänge, durch die er auf der Suche nach kleinen Tieren kreuz und quer läuft. Alle, die sich dort verirren, kommen auf seine Speisekarte: Regenwürmer, Schnecken, Engerlinge und Schnakenlarven. Aber Regenwürmer sind seine Leibspeise. Der Maulwurf frisst jeden Tag so viel, wie er wiegt. Er hat ein hervorragendes Gehör, fühlt jede Bewegung in der Erde und ortet die Beute in den Gängen über seinen feinen Geruchssinn.

Früher wurden Maulwürfe wegen ihres Fells gefangen und sogar gezüchtet. Nur wenige Tiere haben so ein dichtes und weiches Fell.

Speisekammer

Maulwürfe müssen sehr viel essen. Damit sie immer genug Nahrung haben, legen sie sich zur Sicherheit gerne einen Vorrat an. Im Maulwurfsbau gibt es hierfür eigene Vorratskammern, in denen Leckerbissen wie Regenwürmer aufbewahrt werden.

Die Maulwurfpfoten sind klein, geben aber sehr nützliche Schaufeln ab.

Was passiert im Winter?

Maulwürfe ziehen im Winter in tiefere Erdschichten um, etwa einen halben Meter unter der Frostgrenze. In dieser Tiefe halten sich dann auch die Regenwürmer auf. Ganz schön flott: Ein Maulwurf gräbt seine Tunnel mit einer Geschwindigkeit von 15 Metern pro Stunde, ist also ein fleißiger Baumeister.

Nasenfühler

Die Nase des Maulwurfs ist lang und spitz. Damit kann er aber nicht nur sehr gut riechen. An der Schnauze befinden sich außerdem Tasthaare, mit denen er kleinste Erschütterungen im Erdreich spürt.

Hügel an Hügel

Von den zahlreichen Kammern und Tunneln eines Maulwurfbaus zeugen an der Oberfläche nur die Maulwurfshügel, also der Erdaushub.

KANINCHEN
Oryctolagus cuniculus
Länge: 35–40 cm
Gewicht: 0,7–3,5 kg
Lebensdauer: 6–10 Jahre

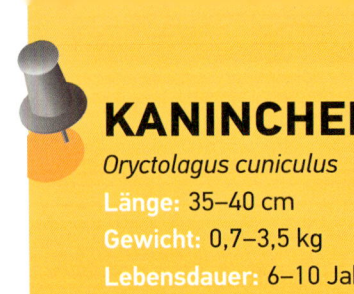

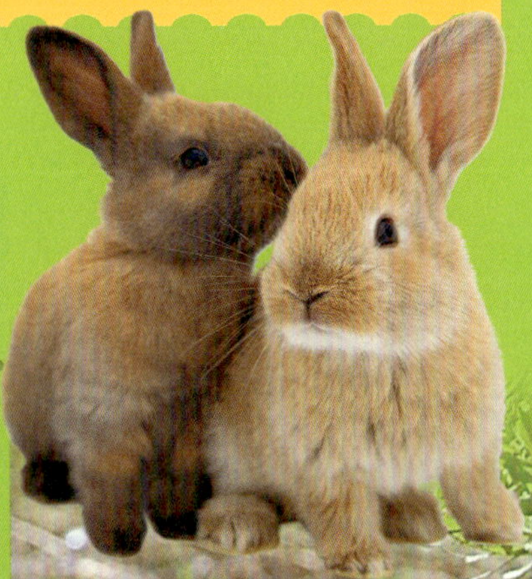

KANINCHEN

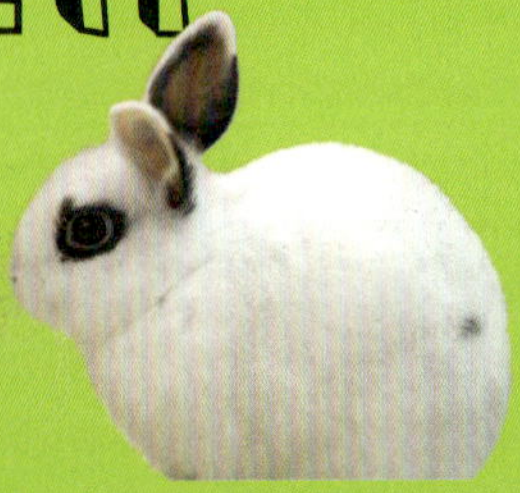

WILDER HOPPLER

Wildkaninchen werden oft mit Feldhasen verwechselt, von denen sie sich aber in Größe und Körperbau unterscheiden. Wildkaninchen sind die Urform aller Hauskaninchen. Schon die alten Römer hielten Kaninchen als Haustiere.

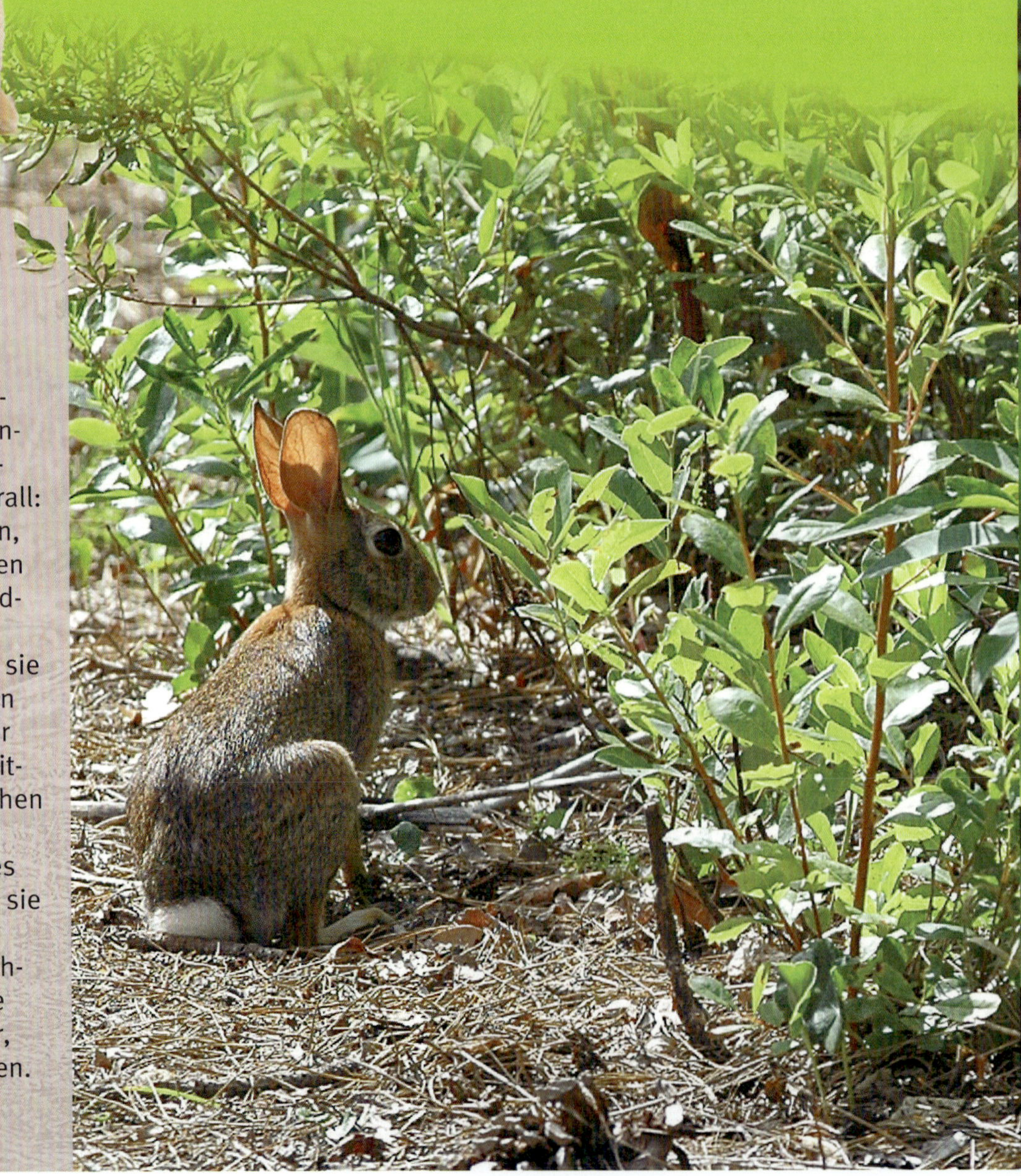

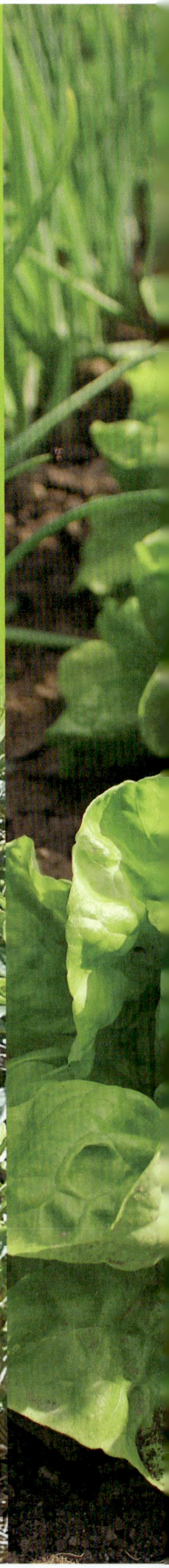

Weltbürger

Das erste Mal habe ich unterschiedlich gefärbte Wildkaninchen in Großbritannien gesehen. Man findet sie dort überall: in Parks, neben der Autobahn, auf kleinen Bauminseln mitten im Getreidefeld oder am Waldrand. In Deutschland und in den Niederlanden kannst du sie überall sehen. Wildkaninchen wurden im Mittelalter von der Iberischen Halbinsel nach Mitteleuropa und auf die Britischen Inseln gebracht. Sie wurden damals wegen ihres Fleisches geschätzt. Danach verteilten sie sich auf der ganzen Welt. In Australien richtete ihre Einführung großen Schaden an. Sie sind also richtige Weltbürger, aber nicht überall willkommen.

Bunte Vielfalt

Kaninchen werden gerne als Haustiere gehalten, weil es von ihnen so viele verschiedene und bunte Arten gibt. Sie können erstaunlich intelligent sein. Viele von ihnen konnten entwischen oder wurden absichtlich freigelassen und haben sich mit wilden Artgenossen gepaart. Oft kann man bei wild lebenden Tieren gar nicht mehr sagen, ob ein Exemplar noch ein Wild- oder vielleicht schon ein Hauskaninchen ist, welches normal gewachsen und welches ein Zwergkaninchen ist. Die Tiere, die wir zu Hause halten, sind jedoch immer Zierkaninchen. Sie sind außerdem meistens Zwergkaninchen, auch wenn diese Zwerge manchmal ganz schön riesig werden können.

Kaninchen lieben Salat.

Mit seinen großen Augen kann das Kaninchen auch im Dunkeln gut sehen.

Hauskaninchen

Ein Hauskaninchen hältst du am besten in einem Kaninchenkäfig, der ausreichend groß sein muss. Neben Stroh und Grünfutter sollte es Zweige zum Knabbern, Mineral- und Vitaminpräparate und spezielle Kaninchennahrung bekommen. Das Hauskaninchen ist sehr empfindlich, deshalb sollte sein Speiseplan bunt und abwechslungsreich sein. Es muss jederzeit über eine automatische Tränke Zugang zu frischem Wasser haben, seine Toilette muss täglich sauber gemacht werden und es braucht ein Schlafhäuschen als Rückzugsraum. Wenn man es aus dem Käfig lässt, muss es außerdem geimpft sein, vor allem gegen Kaninchenpest (Myxomatose).

Frisches Gras ist lecker, kann aber bei jungen Kaninchen für Verdauungsprobleme sorgen.

Ausflüge im Garten

An schönen Tagen kann das Kaninchen mit seinem Käfig auf den Rasen gesetzt werden. Es unternimmt dann gerne ausgedehnte Spaziergänge im Garten. Damit es nicht entwischt, genügt ein niedriger, in die Erde eingelassener Drahtzaun. Er muss nicht mehr als einen halben Meter hoch sein. Seine Maschen sollten aber enger sein als der Körperdurchmesser des Kaninchens. Damit sich der Freigänger nicht unterm Zaun durchbuddelt, sollte man ein 0,5 m breites Netz 20–30 cm senkrecht in der Erde vergraben, dessen oberes Ende man am Zaun befestigt. Abends muss das Kaninchen wieder ins Haus zurück, denn nachts lauern viele Gefahren.

Ein Kaninchenkäfig braucht einen Unterschlupf.

Ein echtes Familientier

Ein Kaninchen kommt mit bis zu 9 Geschwistern zur Welt. Am Anfang sind die Kleinen noch nackt und blind, aber schon nach 4 Wochen tollen sie im Gras herum. Mutter Kaninchen kann bis zu sechsmal in einem Jahr Junge bekommen. In einem guten Jahr wächst ein kleines Kaninchen also mit etwa 50 weiteren Geschwistern auf, freilich nur, wenn alle durchkommen.

Erstaunlich, wie viele Formen und Farben es bei Hauskaninchen gibt!

Kaninchenzucht

Im Mittelalter züchteten die Mönche Kaninchen in eigens ummauerten Kaninchengärten, weil sie als Fastenspeise galten. Durch die Zucht verfestigten sich einzelne farbliche Veränderungen. So entstanden auch verschiedene Rassen. Manche wurden speziell ihres Fleischs wegen gezüchtet, andere wegen des Fells. Heutige Zuchtkaninchen bringen bis zu 10 kg auf die Waage, während ihr wilder Vorfahr nur 2 kg wog. Der Farben- und Formenreichtum beim Fell ist riesig. Es gibt Sorten, welche die Farbe anderer Pelztiere nachahmen. Manche haben kurze Haare, andere wiederum ein langes flauschiges Angora-Fell.

Trommeln bei Gefahr

Wildkaninchen lieben trockenwarme Landschaften mit sandigen Böden, die sie in regelrechten Großfamilien bewohnen. Aufmerksam beobachten sie ihre Umgebung. Droht von irgendwoher Gefahr, warnen sich die Tiere gegenseitig, indem sie mit den Hinterfüßen auf den Boden trommeln.

STEINMARDER

Martes foina
Länge: 45–53 cm
Gewicht: 1,1–1,5 kg
Lebensdauer: 8–10 Jahre

STEINMARDER
WILDER MITBEWOHNER

Wer Bienen hat, hat auch Honig. Wer ein Haus am Waldrand hat, dessen Fassade wird Spechte interessieren, und wer ein Haus mit Garten besitzt, der hat oft einen Steinmarder auf dem Dachboden. Obwohl er ein Wildtier ist, nutzt der kleine Kerl unsere Häuser inzwischen genauso selbstverständlich wie wir. Ich möchte dir dieses sympathische Tierchen und seinen Verwandten, den Baummarder, vorstellen.

Steinmarder – weißer Brustfleck bis zu den Vorderpfoten

Der Steinmarder

Ein ausgewachsener Steinmarder ist ungefähr 50 cm lang (plus 25 cm für den buschigen Schwanz). Er besitzt einen ausgezeichneten Geruchssinn und ein gutes Gehör. Meisterhaft klettert er Bäume hoch, aber auch Hausfassaden. Auf der Jagd bewegt er sich völlig lautlos. Meist bleibt er unbemerkt. Manchmal sieht man seine Spuren im Schnee, die jedoch leicht mit Katzenspuren zu verwechseln sind. Es kommt vor, dass der neugierige Kerl Leitungen oder Kabel im Auto durchbeißt, oder dass er in der Nacht zum Schrecken der Hausbewohner von draußen einen Blick durchs Fenster wirft. Weitere Hinweise sind Kratzer an der Hausfassade, die verraten, wo der Untermieter unters Dach gelangt.

Baummarder

Der Baummarder ist gut an seinem orangefarbenen Fleck unterm Kinn zu erkennen. So kannst du ihn auch vom Steinmarder mit seinem weißen Latz unterscheiden. Beide sind überwiegend nachtaktiv. Sie jagen vor allem Nager und Vögel, Frösche und Eidechsen schmecken ihnen auch. Hin und wieder fressen sie Käfer. Süßes Obst und Honig sind für sie ein besonderer Leckerbissen.

Der Baummarder jagt gern Eichhörnchen und fängt sie nach halsbrecherischen Verfolgungsjagden in den dünnen Zweigen der Baumkronen. Der Hausmarder mag vor allem Mäuse und Ratten. Er ist nützlich. Als Mitbewohner unterm Dach kann er jedoch sehr laut werden und einigen Schaden anrichten.

Kostbares Fell

Das dichte Winterfell der Marder galt in Mittel- und Osteuropa lange Zeit als Zahlungsmittel. Das Wort „Kuna" (Marder) war gleichbedeutend mit „Geld". Noch heute hat Kroatien die Währung Kuna, also wird dort mit Mardern bezahlt. Vielleicht ist es also doch gut, eine Menge Marder auf dem Dachboden zu haben?

55

Baummarder – orangefarbener Fleck unter dem Kinn

Süßes Obst und Honig sind für den Marder das Leckerste überhaupt.

Es kommt vor, dass Marder Leitungen im Auto beschädigen. Wo Marder wohnen, sollte man öfter unter die Motorhaube gucken.

Der Nachwuchs

Im April kommen die Jungen zur Welt, in einem weichen Nest auf dem Dachboden, in einer Baumhöhle, in einer Garage oder an einem anderen ungestörten Platz. In einem Wurf sind normalerweise 2 oder 3 Jungtiere, es können auch mal 4 sein. Nach der Geburt sind die Baby-Marder noch unbeholfen und blind, aber mit 3 Monaten tollen sie lebhaft herum und nur wenig später sind sie erwachsen. Im August müssen sich die Jungmarder ihr eigenes Jagdgebiet suchen.

Die Zahl der Marder hängt mit der schwankenden Mäusebevölkerung zusammen. Nach sogenannten Mäusejahren, in denen die Mäuse zahlreich waren, kommen besonders viele Marder zur Welt.

Wer spukt in der Sommernacht?

Im Hochsommer geht es ziemlich laut zu bei Familie Marder. Dann feiern sie nämlich Hochzeit und dabei veranstalten die Tiere ein ziemliches Geschrei. Früher hielten manche Menschen die nächtlichen Rufe für die Stimmen verlorener Seelen. Marder haben also mit dazu beigetragen, dass Menschen an Gespenster glauben.

Die Marderhochzeit ist jedoch nicht das einzige laute Ereignis im Laufe eines Marderjahrs. Im Frühjahr, wenn der Nachwuchs das Licht der Welt erblickt, geht es erneut hoch her. Kaum haben die Kleinen die Augen geöffnet, beginnen sie schon damit, neugierig ihre Umgebung zu erkunden, miteinander zu spielen und zu toben. Obwohl Marder häufig mit uns unter einem Dach leben, sind sie eben Wild- und keine Haustiere.

König der Baumwipfel

Im Gegensatz zum Steinmarder meidet der Baummarder meist die Nähe zum Menschen und taucht nur gelegentlich in Parkanlagen auf. Zu finden ist er in artenreichen Laub- und Mischwäldern, wo er sich vor allem in den Baumkronen aufhält. Forscher haben beobachtet, dass die Tiere Entfernungen von bis zu 40 Metern zurücklegen, ohne den Boden zu berühren, indem sie von Ast zu Ast und von Baum zu Baum balancieren. Sie folgen dabei ihrer Leibspeise, den Eichhörnchen. Da die Weibchen leichter sind als die Männchen, sind sie bei dieser Jagd in luftiger Höhe klar im Vorteil. Auf ihren nächtlichen Raubzügen legen die kleinen Klettermeister vergleichsweise große Entfernungen zurück. Das Jagdrevier eines Baummarders kann mehrere Quadratkilometer groß sein.

Nest in der Dämmung eines Hauses

Angepasst an das Stadtleben

Während der Baummarder die Natur und die Zurückgezogenheit des Waldes bevorzugt, hat sich der Steinmarder schon früh in die Nähe des Menschen gewagt und lebt inzwischen in großer Zahl unter oder besser über uns. Besonders viele von ihnen hausen in Dörfern, kleinen naturnahen Städten oder am Rand von Großstädten. Aber sie dringen auch weiter ins Stadtinnere vor, wenn genug Grünflächen vorhanden sind.

Beim Umzug in die Stadt hat der Steinmarder sein Verhalten an die neue Umgebung angepasst. Das Revier eines städtischen Marders fällt beispielsweise deutlich kleiner aus als das von Artgenossen, die in der freien Natur leben, und auch kleiner als das eines Baummarders. Außerdem sind die Tiere in der Stadt viel eher bereit, die Überschneidung des eigenen Reviers mit dem eines anderen Marders zu akzeptieren. Scheint, als ob die Stadtluft den Marder also toleranter macht.

Sieht und hört ausgezeichnet

Ein geschickter und fleißiger Jäger

FUCHS
LISTIG UND SCHLAU?

Der schlaue Fuchs

Kaum ein Tier kommt öfter in Märchen, Fabeln und Sprichwörtern vor als der Fuchs. Menschen werden halb bewundernd, halb vorwurfsvoll als Schlaufuchs oder Sparfuchs bezeichnet. List und Verschlagenheit gelten als Eigenschaften des Fuchses. Hier erfährst du einiges über Meister Reineke.

STECKBRIEF

Der Fuchs ist nur etwa 40 cm hoch. Sein Körper ist 100–120 cm lang, wovon 40–50 cm auf seinen Schwanz entfallen. Er ist schmächtig, sogar ein größeres Exemplar wiegt gerade einmal 8 kg.

Das buschige Fell schützt den Fuchs vor Nässe und Kälte. Besonders in der kalten Jahreszeit hält es ihn warm. Oben ist es gelbrot bis rotbraun, unten herum hellgrau bis weiß.

Fuchsschwanz, die sogenannte Lunte

Die weiße Spitze am Ende der Lunte nennt man Blume.

Fuchsbeine, oder auch Läufe, sind ziemlich kurz und enden in schwarzen Pfoten.

Mit etwas Glück kann man beobachten, wie der Fuchs Mäuse fängt. Zunächst steht er völlig reglos da, mit aufgestellten Ohren lauert er seiner Beute auf. Dann springt er plötzlich nach oben und lässt sich auf die Beute fallen. Er findet Mäuse auch tief im Gras oder unterm Schnee.

Territorium

Ein Jungfuchs muss sich ein eigenes Revier suchen und ein Zuhause finden. Entweder gräbt er einen Bau oder er bezieht eine verlassene Dachshöhle. Sein Revier markiert er mit Duftstoffen. Trabt der Fuchs durch den Wald, hinterlässt er eine gerade Spur, die wie eine Schnur aussieht. Deshalb sagt man, er schnürt.

Fuchsspuren

Auf der Jagd nach einem Leckerbissen sucht er gründlich jeden Winkel ab.

Regen findet er
nicht so gut...

...dafür aber Schwimmen.

Allesfresser

Füchse sind Raubtiere, aber sie fressen auch reife Waldfrüchte und Wildbirnen. Insekten, Mäuse und Frösche finden sie auch ganz lecker. Eigentlich frisst ein Fuchs alles, was ihm über den Weg läuft. In Bodennähe versteckte Vogelnester sind vor ihm nicht sicher und im Winter ist er der Erste, der ein verendetes Tier erschnüffelt und sich daran gütlich tut.

Fuchsfarben

Im Sommer ist das Fell des Fuchses rot. Im Winter wächst ihm ein dichtes daunenweiches Fell mit hellen Spitzen. Deshalb sieht der Fuchs im Winter mehr grau als rot aus. Nicht alle Füchse haben eine Blume an der Schwanzspitze und es gibt Füchse, die auf dem Rücken einen schwarzen Streifen tragen. Verzweigt sich dieser Streifen zu den Beinen hin, wird diese Art Kreuzfuchs genannt, eine echte Seltenheit!

Der Fuchsbau

Die Paarungszeit der Füchse, die Ranz, ist im Januar und Februar, also mitten im Winter. In dieser Zeit kämpfen die Männchen (Rüden) miteinander um die Gunst der Weibchen (Fähen). Anschließend bezieht das frisch vermählte Paar sein neues gemeinsames Zuhause.

Ein Fuchsbau zeichnet sich durch mehrere Ein- und Ausgänge, ein gut verstecktes Nest für den Nachwuchs und ganz viel Unordnung aus. Essensreste oder halb angenagte Knochen liegen ebenso herum wie angeschleppter Müll.

Training

Füchse werden im April oder Mai geboren, nach einer Tragezeit von 52 Tagen. Die Neugeborenen sind blind, taub und kahl. In einem Wurf können mehr als 10 von ihnen sein, aber normalerweise bringt das Weibchen 4 bis 5 Junge zur Welt, die am Anfang ganz viel Pflege brauchen. In den ersten Lebenswochen ernähren sich die Fuchswelpen ausschließlich von Muttermilch.

Wenn sie 2 Wochen alt sind, fangen sie an zu sehen, aber richtig selbstständig werden sie erst im Herbst und müssen dann das Territorium ihrer Eltern verlassen. Bis dahin werden sie in der Kunst des Jagens, Anschleichens und Versteckens ausgebildet. Ihr Geruchssinn, das Gehör und die Augen müssen trainiert werden. Nur mit geschärften Sinnen sind sie in der Lage, ihren ersten Winter zu überleben.

Fähe

Welpe

Das Fuchsmännchen heißt Rüde, die Füchsin Fähe und das Fuchsjunge Welpe.

MAUSWIESEL

Mustela nivalis

Länge: 28 cm
Gewicht: 100–150 g
Lebensdauer: 3–6 Jahre

Dank der geringen Größe und der länglichen Körperform kommt das Wiesel überall durch.

WIESEL
DER KLEINSTE IN DER FAMILIE

Das Maus- oder Zwergwiesel wurde schon immer gerne mit dem Hermelin oder dem Frettchen verwechselt. In unserer heimischen Tierwelt ist das Wiesel der kleinste Vertreter aus der Familie der Marder, der größte ist der Dachs. Im Gegensatz zu seinen Verwandten ist das Wiesel leichter zu beobachten, weil es nicht so selten ist und tagsüber jagt.

Wiesel jagen auch am Tag.

STECKBRIEF

Das Fell des Wiesels ist hellbraun und an der Unterseite weiß. Kurz: Es sieht wie ein Hermelin aus, nur deutlich kleiner. Allerdings hat es eine braune und keine schwarze Schwanzspitze. Und nur im Gebirge ist das Fell im Winter weiß, wie beim großen Vetter.

In den Bergen sind Wiesel im Winter am hellsten.

Auf dem Rücken hellbraun

Schlanker Körper

Weißer Latz und weißer Bauch

Mäuseschreck

Ein ausgewachsenes Wiesel wird knapp 30 cm lang. Männchen sind größer als Weibchen. Ein erwachsenes Männchen nimmt täglich etwa 33 g Nahrung zu sich, also 1/4 seines Körpergewichts oder umgerechnet drei mittelgroße Mäuse. Das Weibchen frisst täglich 25 g, was 1/3 ihres Körpergewichts oder zwei Mäusen entspricht. Ein Wieselpärchen verputzt also 5 Mäuse täglich.

Im Durchschnitt frisst ein Wiesel bis zu 1000 Mäuse im Jahr!

Kinderstube

Nach fünf Wochen Tragezeit wirft das Weibchen 3 bis 9 Junge und das zweimal im Jahr. Sie kümmert sich um die Kleinen und säugt sie acht Wochen lang, aber schon nach zwei Wochen fangen die Jungtiere an, auch feste Nahrung zu sich zu nehmen, die ihnen ihre Mutter mitbringt. Nach 3–4 Monaten sind sie groß genug, um das Revier ihrer Mutter zu verlassen und sich ein eigenes Zuhause zu suchen. Normalerweise wird ein Wiesel nur ein Jahr alt, in Ausnahmefällen bis zu sechs.

Kleinstes Raubtier der Welt

Wiesel sind äußerst geschickte Jäger. Sie können es selbst mit den flinken Wildkaninchen aufnehmen. Ihr schlanker Körperbau ermöglicht es ihnen, ihrer Beute auch in Höhlen und Bauten unter die Erde zu folgen. Kein Wunder: Das Wiesel ist das kleinste Raubtier der Welt!

Unsere Marder im Vergleich

Baummarder 53 cm

Frettchen 45 cm

Hermelin 33 cm

Mauswiesel 28 cm

ELCH
Alces alces

Höhe: w kłębie 150–235 cm
Länge: 240–310 cm
Gewicht: 400–750 kg
Lebensdauer: 15–17 Jahre

Elchkalb

ELCH
DER SANFTE RIESE

Der Elch ist der größte Vertreter aus der Familie der Hirsche und taucht in letzter Zeit immer wieder in Teilen Deutschlands und Österreichs auf. Europäische Elche können über 400 kg schwer werden. Das Weibchen, die Elchkuh, ist leichter, aber noch immer beeindruckend. Nach dem Wisent ist es das zweitgrößte Wildtier Europas.

Stummelschwanz

Schaufeln mit vielen Enden

65

STECKBRIEF

Der Elch ist ein gewaltig großes Tier, mit dunklem Fell, langen Beinen und einem mächtigen Kopf mit breiten Nüstern. Die Männchen tragen große Geweihe, die aus verzweigten Stangen oder aus Schaufeln mit vielen Sprossen bestehen.

Breite Nüstern

Ausgeprägter Kinnbart

Elchkuh

Winterversteck

Im Winter ziehen sich die Elche in Waldabschnitte mit jungen Bäumen zurück, wo der Wind weniger pfeift und sie ungestört sind. Dort fressen sie zarte Kiefern- oder Fichtenzweige und reißen die Rinde von Espen ab. Im Frühjahr erkennt man ihren winterlichen Rückzugsort an Bäumen, die bis zur Höhe des Elchmauls keine Zweige mehr haben. Ein ausgewachsener Elchbulle erreicht sie in einer Höhe von bis zu 2,5 m. Für die Elchkuh ist 30–40 cm darunter Schluss.

Der Elch wirkt gelassen, fast schon erhaben. Über sumpfigen Boden schreitet er anmutig, im Wald bewegt er sich nahezu lautlos.

Gewaltiges Geweih

Zu Beginn des Frühjahrs wirft der Elchbulle sein Geweih ab. Mit etwas Glück könnt ihr ein solches Geweih im Wald finden. Bei Sammlern besonders begehrt sind die mächtigen Schaufeln eines älteren starken Elchs.

Abgeworfenes Geweih

Angenagte Kiefern

Elchkot

Grenzgänger

Die besten Orte, um Elche zu beobachten, sind die Wälder des östlichen Brandenburg, Mecklenburg-Vorpommerns und der Bayrische Wald sowie Ober- und Niederösterreich. Auf der Suche nach Nahrung wandern immer wieder Elche aus Polen oder der Tschechei, wo es noch größere Bestände gibt, bei uns ein. Elche bekommt ihr vor allem abends zu Gesicht.

Den weltweit dichtesten Elchbestand haben Schweden und Norwegen. In Polen ist der Kampinos-Nationalpark bei Warschau ein wichtiges Rückzugsgebiet. Elche bevorzugen als Lebensraum feuchte und sumpfige Flächen mit einem Baumbestand von Weiden und Espen.

Elch und Biber

Eine Lieblingsspeise der Elche sind junge Weidentriebe. Um an sie heranzukommen, lehnen sie sich mit der Brust gegen einen Weidenstrauch, der unter dem Gewicht nachgibt und manchmal bricht. Bei der Attacke auf die Weiden arbeitet der Elch mit dem Biber zusammen. Der große Nager fällt ganze Weiden, befreit Äste und Stämme von der Rinde und benutzt das Material zum Bau von Dämmen oder Biberburgen. Wenn aus den Stümpfen dann junge Weidentriebe nachwachsen, erscheint der Elch und frisst sie halbkreisförmig ab – echte Arbeitsteilung.

Weidenzweig

Stangen

Schaufeln

Stangler und Schaufler

Elche kann man in zwei Gruppen einteilen. Besteht der Kopfschmuck aus wenigen Stangen oder Sprossen, bezeichnet man die Tiere als Stangler. Ältere, sehr starke Elche haben ein breites großes Geweih, die sogenannten Schaufeln, die ein Dutzend Enden pro Seite haben können. Diese Elche heißen Schaufler. Das größte Geweih haben 12–13 Jahre alte Bullen. Danach wächst das Geweih immer kleiner nach. Nach Abwurf des Geweihs sieht der Elchbulle einer Elchkuh zum Verwechseln ähnlich.

Neues Geweih im Bast

Das neue Geweih wächst bis Juli oder August und ist mit einer weichen Haut bedeckt, dem Bast. Danach fällt der Bast vom Geweih ab. Das juckt ziemlich und der Elchbulle versucht ständig, die Bastreste an Bäumen abzureiben.

Gelingt ihm das endlich, fängt das Geweih an zu trocknen. Es wird hart. Das ist sehr wichtig, denn im September fängt die Paarungszeit an, in der die Bullen um die Gunst der Weibchen kämpfen. Dazu brauchen sie ihr Geweih.

Brunft

Im September drehen die Bullen im Wald ihre Runden, röhren laut durch die Nacht und suchen Streit mit ihren Rivalen. Und das tun sie alles nur, um Weibchen zu beeindrucken.

Elchkälber

Im Mai bringt die Elchkuh ein oder zwei Kälber zur Welt. Sie wird sie 4 Monate lang säugen, aber schon mit 2 Wochen suchen sie begierig selbst nach pflanzlicher Nahrung. Die Kälber bleiben bis zum nächsten Frühling unter der Obhut ihrer Mutter.

Eine Elchkuh kümmert sich etwa ein Jahr lang liebevoll um ihren Nachwuchs.

Nicht nachmachen!

Einmal habe ich den Fehler begangen, zur Brunftzeit den Schrei des Elchbullen nachzuahmen. Daraufhin verbrachte ich eine schlaflose Nacht auf einem Baum, während ein wütender Bulle, der mich offenbar für einen Rivalen hielt, mein Zelt zerlegte.

Elche als Mitbringsel

In Schweden, Norwegen und Finnland ist man an den Umgang mit den riesigen Elchen gewöhnt. Dennoch kommt es leider immer wieder zu Unfällen. Um Autofahrer vor Zusammenstößen zu warnen, gibt es in Schweden ein eigenes dreieckiges Schild, das einen schreitenden Elch zeigt. Leider hat sich dieses Verkehrszeichen inzwischen zu einem beliebten Mitbringsel für Urlauber gemausert, die die Schilder einfach abmontieren und mit nach Hause nehmen.

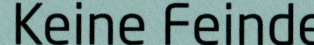

Keine Feinde

Nicht nur in der Paarungszeit gibt sich der Elch sehr selbstsicher. Das kann er auch sein, denn er hat keine natürlichen Feinde mehr. Für die Jagd auf Elche wären eigentlich Wolf und Braunbär zuständig. In Kanada oder Alaska, wo es noch größere Bestände dieser Tiere gibt, sorgen sie für die Regulierung des Elchbestandes. Unsere einheimischen Wölfe haben die Kunst der Elchjagd hingegen verlernt. Außerdem sind die zahlreichen Rehe und Hirsche eine viel leichter zu erhaschende Beute.

Die Rückkehr der Elche

In Deutschland und Österreich waren die Elche lange Zeit verschwunden. Dies änderte sich, als in den 1990er-Jahren die Grenzzäune verschwanden, die bis dahin West- und Osteuropa voneinander getrennt hatten. In Polen und Tschechien gab es noch Elche und einige dieser Tiere begannen nun, auf ihren Wanderungen die Grenze zu überqueren. In Deutschland tauchten diese Grenzgänger vermehrt in Brandenburg, in Hessen, in Thüringen und in Bayern auf, in Österreich etwa im Wald- und im Mühlviertel. Grenzflüsse stellten für die guten Schwimmer dabei keine Hindernisse dar. Sie schwammen einfach hindurch.

Elche schwimmen gut und gerne. Im Wasser können sie mehrere Kilometer zurücklegen.

Hausmaus

70

HAUSMAUS
IMMER AN UNSERER SEITE

Seit der Mensch sesshaft geworden ist und begonnen hat, Getreide zu züchten, lebt ein nettes und freundliches Tierchen unter uns. Und genauso lang versuchen wir, es wieder loszuwerden. Dieser ungebetene Mitbewohner ist die Hausmaus. Ihr wissenschaftlicher Name lautet *Mus musculus*. *Mus* bedeutet Maus, *musculus* bedeutet Muskel. Wie kam sie bloß zu diesem Namen? Angeblich hatte der Zoologe Carolus Linnaeus den Eindruck, dass die Maus trotz ihrer geringen Größe besonders kräftig sei. *Musculus* ist aber auch eine Verniedlichung von mus. Der Name bedeutete also „Muskel-Maus" oder „Maus-Mäuschen".

STECKBRIEF

Die Körperlänge einer Hausmaus erreicht 9–10 cm, ihr Schwänzchen ist um 1 cm kürzer als der Körper. Das Gewicht schwankt zwischen 10 und 20 Gramm. Im Herbst trifft man auf Exemplare, die ganze 30 g erreichen. Die Fellfarbe ist mausgrau bis braungrau, mit etwas hellerem Bauch. Eher gelbgrau sind hingegen die Feldmäuse, die zudem einen kürzeren Schwanz haben. Auch sie verirren sich manchmal in unsere Häuser.

Lange Ohren

Große Augen

Ausgezeichneter Geruchssinn

Sehr lange Barthaare

Als Haustiere sind weiße Mäuse besonders gefragt.

Weiße Mäuse

Früher wurden weiße Mäuse gefangen und als etwas Besonderes herumgezeigt. Gezähmte weiße Mäuse wurden im alten China und in Japan schon vor mehr als zweitausend Jahren gehalten. Auch heute haben unterschiedlich gefärbte Mäuse viele Fans. Es gibt Mäusezüchtervereine und Heimtiermessen, bei denen die schönsten Exemplare mit Stolz vorgestellt werden.

Mitbewohner

Die Mäuse, die unter unserem Dach leben, haben sich dem Menschen angepasst: Sie sind tagaktiv geworden. Ihre wild lebenden Artgenossen sind hingegen überwiegend nachtaktiv. Von dieser ursprünglichen Lebensweise haben die Hausmäuse auch ihren ausgezeichneten Geruchssinn. In der Dunkelheit bringt eine feine Nase mehr als gute Augen.

Niedlich und schlau: die Hausmaus

Mäuse im Weltall

Mäuse sind wahre Überlebenskünstler, selbst in tiefen Bergwerken oder in Kühlhäusern bei Minustemperaturen kommen sie zurecht. Darum wurden Mäuse auch oft ins Weltall geschickt, um zu testen, wie Tiere sich unter den Bedingungen dort entwickeln. Die Maustronauten haben sich auf zahlreichen Missionen bewährt.

Mäuse vergreifen sich gern an unseren Vorräten.

Vielfraß

Die Maus ist ein Allesfresser. Zwar bevorzugt sie generell eher pflanzliche Nahrung, Insekten, Würmer und anderes Kleingetier werden aber keinesfalls verschmäht. Wer schon einmal eine Maus im Haus hatte, der weiß, was so ein kleiner Nager alles vertilgt. Typisch sind zum Beispiel angefressenes Obst oder Gebäck. Hier zeigt sich die große Anpassungsfähigkeit der Hausmaus.

Hauptsache gemütlich

Hausmäuse nutzen Hohlräume aller Art.

In freier Wildbahn leben Mäuse in Tunnelsystemen unter der Erde, die meist aus mehreren Kammern bestehen, die durch Gänge miteinander verbunden sind. Diese unterirdischen Bauten besitzen meist mehrere Ausgänge, die den Bewohnern bei Gefahr eine rasche Flucht ermöglichen. In unseren Häusern besetzen sie alle Arten von Hohlräumen und Verstecken.

Baby-Mäuse kommen kahl und blind zur Welt und wiegen ungefähr 1 Gramm. Mit 2 Wochen öffnen sie die Augen. Sie werden dann noch etwa 10 Tage gesäugt. Ein Mäuseleben dauert meist nur einige Monate.

Die Nacktmaus wurde von Forschern gezüchtet.

Spannender Geruch

Mäuse-Pipi ist ein ganz besonderer Stoff. Was für menschliche Nasen meist einfach nur stinkt, verrät einer Hausmaus allerhand über den Artgenossen, der zuvor die Duftspur an Ort und Stelle hinterlassen hat.

Der Geruch enthält Informationen über das Geschlecht, die Großfamilie und den Platz der jeweiligen Maus in der Rangordnung. Er transportiert aber auch ihre Stimmung und informiert darüber, ob sie auf Paarung aus ist.

Auch in der Natur gibt es manchmal ungewöhnlich gefärbte Mäuse.

Mutige Maus

Begegnen wir einer Maus und sie macht Männchen, bedeutet das, dass sie neugierig ist und keine Angst hat. Schlägt sie jedoch nervös mit dem Schwanz auf den Boden, will sie angreifen – ganz schön mutig!

Winterlager

Nach der Erntezeit verlassen viele Mäuse Felder und Gärten, wo sie in selbst gegrabenen Bauten gelebt haben, und machen sich auf die Suche nach einem sichereren und warmen Versteck für den Winter. Dann tauchen sie vermehrt in Häusern, Garagen und Holzschuppen auf. Die zweite Welle kommt mit dem ersten Frost. Auch wenn ihre Nester in der freien Natur kuschelig ausgepolstert sind, ist es drinnen doch angenehmer. Haben sie ein warmes Plätzchen gefunden, vermehren sie sich auch im Winter weiter. Mäuse sind in der Dämmerung und bei Tagesanbruch am aktivsten. Sie schlafen 12–13 Stunden täglich. Die restliche Zeit verbringen sie mit ihrer Familie oder mit Futtersuche.

BRAUNBÄR
Ursus arctos
Höhe im Stand: 120–160 cm
Gewicht: 200–600 kg
Lebensdauer: 20–30 (40) Jahre

BRAUNBÄR

DER SELTENE GAST IM PELZ

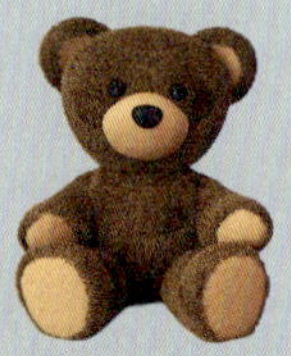

Der Braunbär ist das größte mitteleuropäische Raubtier. Aus unseren heimischen Wäldern ist Meister Petz jedoch längst verschwunden. Nur in unzugänglichen Bergregionen wie in den Pyrenäen, den Alpen, im Apennin, auf dem Balkan oder in den Karpaten hat eine größere Zahl Braunbären überdauert. Aus diesen Rückzugsgebieten stoßen einzelne Tiere hin und wieder nach Österreich, Deutschland oder in die Schweiz vor, meist jedoch ohne sich bei uns niederzulassen.

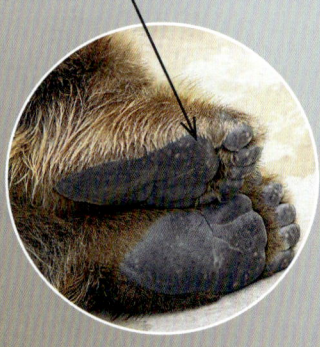

Fußsohlen mit ledriger, harter Haut

STECKBRIEF

Braunbären sind groß, kräftig und haben hell- bis dunkelbraunes Fell.

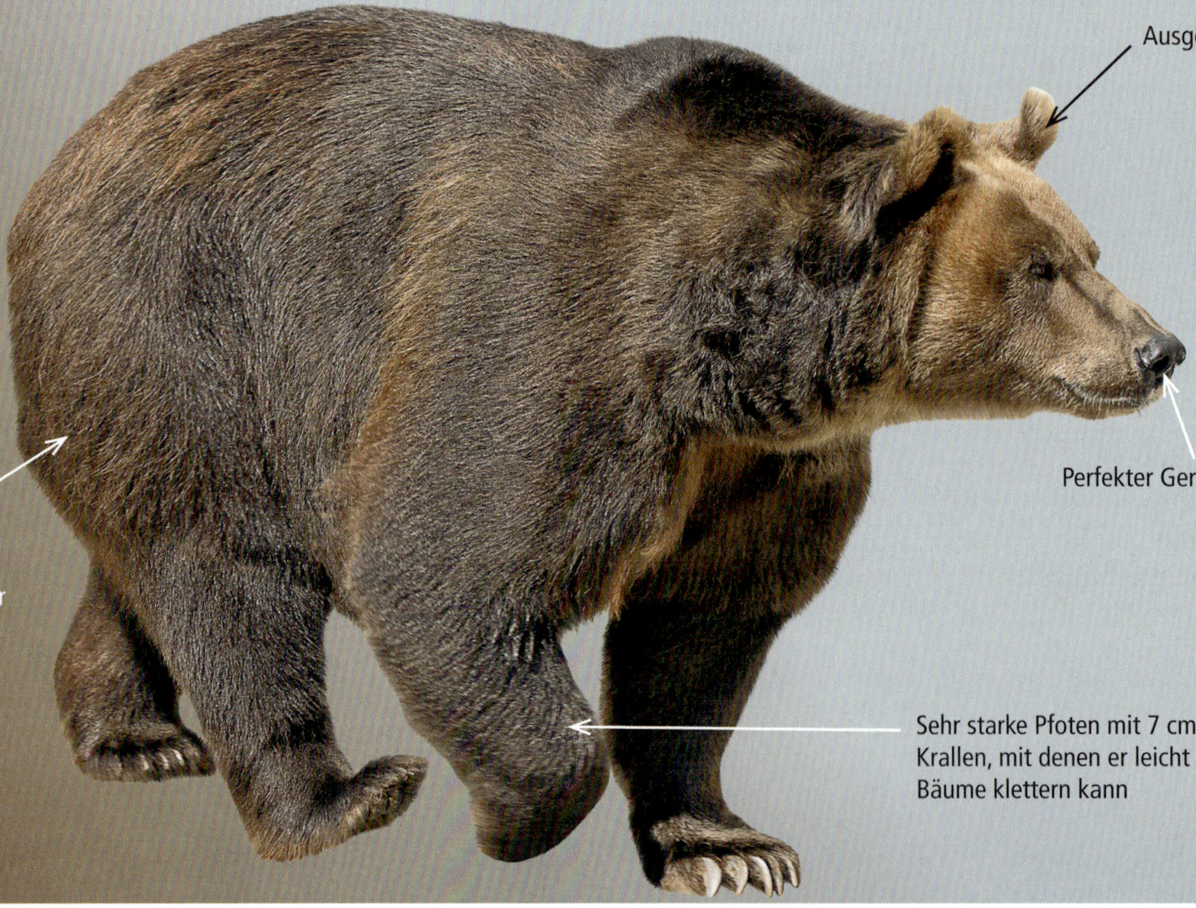
Ausgezeichnetes Gehör
Perfekter Geruchssinn
Braunes Fell, im Winter heller
Sehr starke Pfoten mit 7 cm langen Krallen, mit denen er leicht auf Bäume klettern kann

Im Sommer lieben Braunbären ein erfrischendes Bad. Sie fangen auch gerne Fische.

WILLKOMMEN, MEISTER PETZ!
Von Italien und Slowenien kommend, scheint sich der Braunbär in Österreich wieder anzusiedeln. Im deutschen und schweizerischen Teil der Alpen schaut er bislang aber nur selten vorbei.

Aus nächster Nähe

Das größte Bärenschutzzentrum Westeuropas findet sich in der Gemeinde Stuer in Mecklenburg-Vorpommern. Im Bärenwald Müritz leben derzeit 16 Braunbären, die aus schlechter Tierhaltung befreit wurden. Auf dem großen naturbelassenen Gelände lernen die Bären allmählich, sich wieder wie Wildtiere zu verhalten. Hier können sie nach Herzenslust umherstreifen, sich zurückziehen, Höhlen graben, im Teich baden oder in Winterruhe gehen. Du kannst sie beim Sonnenbaden, Klettern und Herumtoben aus nächster Nähe beobachten.

Von der Bärin umsorgt

Wenn ein Bärenjunges auf die Welt kommt, ist es ungefähr 30 cm lang und wiegt rund ein halbes Kilogramm. Nach drei Wochen macht es die Augen auf. Wenn es das Bärenlager im Frühling verlässt, wiegt es etwa 10 kg, die es sich nur mit Muttermilch zugelegt hat. Die Bärin frisst in der Stillzeit nichts. Sie muss sich im Herbst davor ordentliche Fettpolster unter ihrem Fell anfressen. Schließlich müssen auch ihre Kleinen davon monatelang leben.

Kleine Bären spielen für ihr Leben gern.

Schwere Zeit

Das Weibchen paart sich nur alle zwei Jahre. Die Paarung findet im Juni statt. Die Tragezeit dauert rund 7 Monate. Der Nachwuchs wird also mitten im Winter geboren. Jungbären sind mit zwei Jahren selbstständig. Dann zieht sich ihre Mutter wieder in ihr Winterlager zurück und bringt neuen Nachwuchs zur Welt. Die gerade erwachsen gewordenen Bären müssen sich nun selbst um ihre Nahrung kümmern und im Herbst eine eigene ruhige Bärenhöhle finden. Überstehen die jugendlichen Bären diese schwierige Zeit, sind sie im Alter von 4–5 Jahren selbst bereit, Nachwuchs zu bekommen (die Weibchen ein Jahr früher). Ein männlicher Bär kann bis zu 400 kg auf die Waage bringen, ein Weibchen höchstens 200 kg.

Im Herbst wird der Bär zu einem richtigen Vielfraß, schließlich muss er sich ja auf den Winter vorbereiten. In dieser Zeit ist ihm sogar Aas gut genug, das er sonst eher links liegen lässt. Was von einer Mahlzeit übrig bleibt, versteckt er vor den Blicken und den Nasen seiner Konkurrenten unter einem aufgeschütteten Hügel. Um ganz sicherzugehen, legt er sich schon mal auf das Versteck oder direkt daneben und wartet, bis er wieder fressen kann.

Die Bärenhöhle

Vor dem Winter polstern sich die Bären ihr Lager mit Zweigen und Heu aus und hauen sich dann aufs Ohr. Wie lange der Winterschlaf dauert, hängt vom Wetter ab: von Dezember bis März, manchmal sogar bis April. Ist es warm genug, verlassen die Bären ihr Winterlager, um zu fressen. Die Bärin nimmt ihre Jungen mit nach draussen, die im Winter geboren wurden.

Bärenhunger

Geruchssinn und Gehör eines Bären sind mit denen des Hundes vergleichbar. Menschen weicht er aus, ist vorsichtig und zurückhaltend. Er mag allerlei Pflanzen, Waldbeeren, Insektenlarven und Honig. Und er liebt die Jagd. Seine Beute kann ein Mäusenest sein, ein junger Hirsch oder ein Schaf. Größere Tiere jagt er am liebsten in einer stürmischen Nacht. Er hat vor Gewittern keine Angst, aber seine Opfer. Durch das Rauschen des Regens und den Donner hören sie zudem schlechter als sonst – eine leichte Beute.

So weit die Tatzen tragen

Außerhalb der Paarungszeit ziehen Braunbären meist als Einzelgänger umher. Das Revier, das ein Bär in unseren Breitengraden auf seinen ausgedehnten Wanderungen durchstreift, kann bis zu 100 Quadratkilometer groß sein. In kargen Regionen mit einem geringeren Angebot an Nahrung kann die Fläche aber noch bis zu zehnmal größer sein. Wie alle ihre Verwandten sind auch die Braunbären sogenannte Sohlengänger, das heißt, sie setzen beim Gehen die gesamte Fläche ihrer Pfoten auf einmal auf den Boden. Das kann man gut an ihren Spuren erkennen. Bei einem ausgewachsenen Tier ist der Abdruck der Vorderpfote etwa 16 cm lang, der der Hinterpfote hingegen etwa 26 cm. Neben der Pfote selbst drücken sich auch die Krallen im Untergrund ab, die über die Pfote hinausreichen.

Der Pfotenabdruck zeigt die langen Krallen.

Im Sommer planscht der Bär gern im Wasser.

Er liebt ausgiebige Nickerchen …

Klettermaxe

Normalerweise bewegen sich Bären auf allen vieren. Sie können aber auch anders. Ihre Tatzen mit den langen Krallen sind hervorragend dazu geeignet, um auf Bäume zu klettern. Außerdem sind Braunbären sehr gute Schwimmer und suchen Gewässer im Sommer nicht nur zum Fischfang, sondern auch zur Abkühlung auf. Richtet sich ein Bär auf den Hinterbeinen auf, ist das übrigens keine Drohgebärde. Er tut das, um seine Umgebung besser im Blick zu behalten – ganz schön neugierig, was?

...und das Klettern.

EURASISCHER LUCHS

Lynx lynx

Körperhöhe: 50–75 cm
Länge: 100–150 cm
Gewicht: 12–35 kg
Lebensdauer: 14–17 Jahre

Auf einem Baum entspannt der Luchs.

LUCHS
SCHEU UND SCHNELL

Im Verhalten ist der Luchs der Hauskatze ähnlich.

Jeder weiß, wie ein Luchs aussieht, aber kaum jemand hat ihn schon in freier Wildbahn gesehen. Sogar Förster, die sehr viel Zeit im Wald verbringen, bekommen ihn kaum zu Gesicht. Ich selbst habe seine Spuren schon oft gefunden, aber auf einen wilden Luchs bin ich noch nie gestoßen.

STECKBRIEF

Das Fell des Luchses ist rötlichbraun bis grau. Luchse, die in den Bergen leben, haben viele schwarze Flecken im Fell, Flachlandluchse fast keine. Ohrpinsel und Backenbart schmücken nur die erwachsenen Tiere. Luchse sind kräftig und geschmeidig.

Der Luchs sieht und hört ausgezeichnet. Auch sein Geruchssinn ist sehr gut entwickelt. Er bewegt sich völlig geräuschlos.

Schönes, gut wärmendes Fell

Runde Pinsel an den Ohrspitzen

Backenbart

Einziehbare Krallen

Breite, weich gepolsterte Pfoten für geräuschloses Anschleichen

Auch Luchse schnurren

Ich war oft mit einem zahmen Luchs im Wald unterwegs und wusste nie, wann er sich vor mir verstecken würde, um mich dann völlig unerwartet anzuspringen und mit seiner großen Pfote freundlich gegen mein Bein zu stupsen. Der Luchs kann fast aus dem Stand mehrere Meter hoch- oder vorspringen. Wasser mag er nicht so gerne, sogar Tau meidet er. Fühlt er sich wohl, schnurrt er manchmal wie eine Katze – nur viel tiefer.

Lieblingsplätze

Luchse leben in abgelegenen Bergwäldern und in den letzten großen Waldgebieten Europas, sind aber sehr selten. Um Menschen machen sie einen großen Bogen. Mit Wölfen teilen sie hingegen manchmal ihr Revier.

Erfahrene Luchse pirschen sich lautlos an und überraschen ihre ahnungslose Beute dann mit wenigen Sprüngen.

Luchsspuren

Der kurze Schwanz ist fast immer in Bewegung.

Ab in die Wildnis!

In der Johannisburger Heide, einem riesigen Waldgebiet in Polen, wird derzeit eine neue Methode erprobt, um die Zahl der Luchse wieder zu erhöhen. Die Tiere werden in einem Wildpark gezüchtet und dann ausgewildert. Die Besonderheit besteht darin, dass der junge Luchs von klein auf die Möglichkeit bekommt, den Park zu verlassen und den Wald zu erkunden. Anfangs kann er jederzeit zu seiner Mutter zurückkehren, um Kräfte für einen neuen Ausflug zu sammeln. Nach und nach soll ihn aber die Wildnis immer mehr in ihren Bann ziehen, bis er sich wie ein normales Wildtier verhält.

Diese Methode findet immer mehr Befürworter und weckt die Hoffnung, dass nicht nur Luchsbestände auf diese Weise belebt werden können. Leider gibt es in Europa kaum ausreichend große Waldgebiete, in denen sich ein Luchs wohlfühlt. Es gibt aber noch Bestände in den Alpen, im Juragebirge sowie unter anderem im Bayrischen Wald, im Harz und im Pfälzer Wald. Gute Chancen auf eine dauerhafte Rückkehr hat der Luchs außerdem im Nationalpark Kalkalpen, einem mehr als 20.000 Hektar großen naturbelassenen Schutzgebiet in Österreich.

Weitläufige Reviere

Ein Luchs muss etwa alle 5 Tage Beute erlegen. Ein Weibchen mit Jungen sogar alle zwei Tage. Anfangs fressen kleine Luchse vor allem Nagetiere. Wie man ein Reh erbeutet, müssen sie erst lernen, aber mit zunehmendem Alter werden sie immer geschickter. Für das Überleben von Luchsen in unseren Wäldern braucht es starke Reh- und Hirschbestände. Die Wälder müssen weitläufig sein, mit großem Tier- und Pflanzenreichtum und weitab von menschlichen Siedlungen. Das Revier eines Männchens misst bis zu 300 km², das der Weibchen etwa 150 km².

SPEISEPLAN

Der Luchs ist der Feinschmecker unter den Raubkatzen. Am liebsten jagt er Rehe oder Gämsen. Wenn er seine Lieblingsbeute nicht erwischen kann, nimmt er aber auch Frischlinge, Haselhühner, Hasen oder Nagetiere. Ein erwachsener Luchs hat einen gesunden Appetit: Etwa 1–2 kg Nahrung verputzt ein ausgewachsenes Tier täglich.

Nachwuchs

Im März sind Luchse paarungsbereit. Nach einer Tragezeit von 66–70 Tagen werden 2–3 Luchs-Babys geboren, sehr selten 4. Ihre Mutter bringt sie in einer großen Baumhöhle oder in einem Felsspalt zur Welt, manchmal auch in einer Erdhöhle, die sie einem Fuchs oder einem Dachs „abgeluchst" hat.

Auf eigenen Pfoten stehen

Am Ende des Sommers beginnen die jungen Luchse, sich in der Jagdkunst zu üben. Bis ins Frühjahr bleiben sie aber noch in der Obhut der Mutter. Danach sind sie auf sich allein gestellt. Aber die Mutter duldet sie in ihrem Revier, bis der nächste Nachwuchs da ist, wobei die Töchter eher toleriert werden als die Söhne. Der Start ins Leben ist für Luchse nicht einfach, und viele überleben die erste Zeit der Selbstständigkeit nicht.

Die Mutter kümmert sich fast ein Jahr lang um ihre Jungen.

REH

Capreolus capreolus
Schulterhöhe: 60-90 cm
Länge: 95–140 cm
Gewicht: 15–35 kg
Lebensdauer: 5–12 Jahre

REH
ZART UND WÄHLERISCH

Rehe sind heute weitverbreitet. Man trifft sie besonders häufig in Wald-randgebieten und auf Lichtungen an, aber auch auf offenen Feldern und in der Nähe landwirtschaftlicher Flächen. Rehe sind in ganz Europa zu Hause, mit Ausnahme von Irland und Island. In Skandinavien gibt es sie nur im Süden und in Spanien nur im Norden. Das Verbreitungsgebiet reicht bis nach China und Korea.

Ricke oder Geiß

Sehr gutes Gehör

STECKBRIEF

Rehe sind kleiner als die mit ihnen verwand-ten Hirsche. Ihr Fell ist im Sommer rotbraun, im Winter hell- bis dunkelgrau jeweils mit einem hellerem Fleck am Hinterteil, dem sogenannten Spiegel. Das männliche Reh, der Rehbock, trägt ein kurzstangiges Geweih auf dem Kopf. Das Weibchen nennt man Ricke oder Rehgeiß.

Rehbock

Kaum sichtbarer Wedel

Spiegel

Lange Beine (Läufe)

Geweih im Bast

Den Rehbock erkennt man am Geweih. Im Herbst wird es abgeworfen und im Frühjahr fängt es wieder an zu wachsen. Während es wächst, ist es mit einer durchbluteten Haut, dem Bast, bedeckt. Ist das Geweih im Mai vollständig ausgebildet, reibt der Rehbock die Basthaut an kleinen Baumstämmen oder Sträuchern ab. Die dabei aufgewühlte und niedergetrampelte Erde zeigt, wie viel Entschlossenheit in dieser Tätigkeit steckt.

Im Winter leben Rehe in einer Gruppe zusammen.

Rehbock – das männliche Reh

Das Geweih hat zwei Gabelungen, der Bock ist ein Gabler.

Auf der Stirn versteckt sich eine Duftdrüse.

Bock oder Geiß?

Im Winter, wenn der Rehbock kein Geweih trägt, gibt es zwei Möglichkeiten, ihn von einer Geiß zu unterscheiden. Das Männchen hat etwas länger herunterhängende Fellhaare zwischen den Hinterbeinen. Das Weibchen hingegen trägt am unteren Rand des Spiegels ein rötliches Haarbüschel, die sogenannte Schürze.

Das Alter

Mit zunehmendem Alter des Rehbocks wird das Geweih größer und schwerer. Es hat auch von Jahr zu Jahr mehr Perlen, das sind kleine braune Auswüchse am Ansatz der Geweihstangen. Das Geweih eines reifen Rehbocks hat drei Enden: eine Vorder-, eine Mittel- und eine Hintersprosse. Einjährige Böcke haben Geweihe ohne Gabelungen und werden Spießer genannt. Bei sehr alten Rehböcken kann das Geweih ähnlich aussehen wie bei den ganz jungen, aber ihre Stirnpartie ist im Gegensatz zu den jungen Böcken hell und nicht dunkel.

Spiegel mit Schürze

Rehkitze

Eine Geiß hat meist 1–2 Kitze pro Wurf. Bei der Geburt wiegt ein Rehkitz etwa ein Kilo. Anfangs liegt es reglos da und wartet darauf, gefüttert zu werden. In der ersten Woche ernährt es sich nur von Muttermilch. Ab der zweiten Woche zupft es zunehmend Grünfutter, bis es im Alter von 4 Wochen von der Muttermilch so gut wie unabhängig ist.

Die Muttermilch ist wichtig für das Kitz.

In den ersten Lebenstagen wartet das Rehkitz in einem Versteck auf seine Mutter. Findet man zufällig ein Rehkitz, darf man es nicht anfassen, weil der Mensch mit der Berührung seinen Geruch auf das Tier überträgt und die Ricke das Kitz deshalb womöglich verstößt.

Ausgewählte Pflanzen

Das Reh frisst etwa 70 verschiedene Pflanzenarten. Es zupft Blätter oder Triebe von Pflanzen, auf die es gerade Appetit hat. Zur Hälfte besteht die Nahrung aus Kräutern und jeweils zu einem Viertel aus Gras und Strauchtrieben. Ein ausgewachsenes Reh frisst 2–4 kg Grünfutter täglich. Nach dem Fressen (Äsen) sucht es sich einen sicheren Ort, um die aufgenommene Nahrung in Ruhe wiederzukäuen. Im Verlauf eines Tages ist ein Reh kurz vor Einbruch der Nacht und direkt nach Sonnenaufgang am aktivsten. Im Sommer gehen Rehe auch nachts auf Futtersuche, im Winter außerdem zur Mittagszeit.

Schlafender Embryo

Die Brunftzeit der Rehe fällt in den Juli, die Kitze kommen aber erst im Mai des Folgejahres zur Welt. Wie kann das sein? Forscher haben herausgefunden, dass sich die befruchtete Eizelle im Körper des Weibchens zunächst nur 2 Wochen lang entwickelt, bis zu einem frühen Stadium, in dem der Embryo gerade einmal 0,1 mm groß ist. Danach stoppt das Wachstum und der Embryo „schläft". Erst im Dezember setzt er seine Entwicklung wieder fort. Nach weiteren 5 Monaten wird ein Rehkitz geboren. Die Rehkuh ist also insgesamt 9,5 Monate trächtig, die Entwicklung des Fötus dauert aber tatsächlich nur 5 Monate. Wenn das Kitz im Mai zur Welt kommt, ist das Nahrungsangebot üppig und es kommt rasch zu Kräften.

Lebensdauer

In vielen Regionen wächst der Rehbestand. Ein Reh lebt im Schnitt nur ein paar Jahre, aber es kann auch älter werden. In Tierparks werden Rehe bis zu 25 Jahre. Wer diese Gattung unterstützen möchte, legt inmitten von Feldern frei stehende Gruppen von Bäumen und Sträuchern an, die den Rehen Nahrung und Schutz bieten.

Flinke Läufer

Rehe sind ausgezeichnete Läufer. Schon wenige Tage nach der Geburt beginnt das Rehkitz, hinter seiner Mutter herzulaufen. Mit etwas über zwei Wochen ist es schon so schnell, dass es keinen Fuchs mehr fürchten muss. Ausgewachsene Rehe sind äußerst flink und wendig. Selbst in dichtem Unterholz kommen sie dank ihres schlanken Körpers rasch voran.

Alle paar Stunden gehen Rehe auf Nahrungssuche.

Die Verteidigungstaktik der Rehe ist Flucht. Wenn sie fliehen, sind sie sehr schnell und machen große Sprünge.

MURMELTIER

Marmota marmota

Körperlänge: 42–54 cm
Gewicht: 2,3 bis 5,7 kg
Lebensdauer: 15–18 Jahre

MURMELTIER

NAGER IN GROSSER HÖHE

2. FEBRUAR

Das Alpenmurmeltier ist ein Nagetier aus der Familie der Erdhörnchen. Es ist also eng mit unseren putzigen Eichhörnchen verwandt. Anders als seine Verwandten lebt das Murmeltier aber hoch droben im Gebirge oberhalb der Baumgrenze. Dort bewohnt es weitverzweigte Höhlenbauwerke. In den USA feiert man den 2. Februar als Murmeltiertag. Im Städtchen Punxsutawny richten sich an diesem Tag die Kameras vieler Fernsehsender auf Phil, das Murmeltier, das vorhersagen soll, ob es bald Frühling wird oder nicht. Phil ist allerdings kein Alpenmurmeltier, sondern ein Vetter, ein amerikanisches Waldmurmeltier. Steppenmurmeltier, Ziesel und Präriehund sind weitere nahe Verwandte.

STECKBRIEF

Nager aus der Familie der Hörnchen, mit einem kräftigen Körper und einem maus-ähnlichen Kopf. Rostbraunes bis bräunlich schwarzes Fell, auf dem Bauch heller. Seitlich der Schnauze 8 cm lange Tasthaare, auch Vibrissen genannt. Vorne Greifpfoten mit 4 Fingern, Hinterpfoten mit 5.

Stämmiger, gedrungener Körper mit dichtem Fell

Kurze Ohren, versteckt im Fell

Schwarze Schwanzspitze

Sein Zuhause

Obwohl das Alpenmurmeltier, wie der Name schon verrät, ursprünglich in den Alpen und in der Tatra zu Hause war, sind die niedlichen Nager inzwischen auch in den Karpaten, den Pyrenäen und sogar im Schwarzwald anzutreffen. Murmeltiere tun sich in Kolonien zusammen, was sie von den amerikanischen Waldmurmeltieren unterscheidet, die wie Einsiedler leben.

Winterlager

Das Hochgebirge, das die Alpenmurmeltiere bewohnen, ist karg. Dort oben wird es im Winter sehr kalt. Die Tiere halten deshalb von Oktober bis April Winterschlaf, tief unten in ihren geräumigen Höhlen. Dort machen sie es sich auf einem Lager aus Heu gemütlich.

Immer wachsam

Immerhin Dritter

Ein ausgewachsenes Murmeltier erreicht die Größe eines Hasen, ist aber im Gegensatz zu ihm kurzbeinig, stämmig und gedrungen. Nach dem Biber und dem Stachelschwein ist es Europas drittgrößtes Nagetier. Bisweilen richten sie sich in ihrer vollen Länge auf, um so einen besseren Überblick über die Umgebung zu haben und Gefahren frühzeitig erkennen zu können.

Murmeltiere stellen sich auf, um die Gegend im Auge zu behalten.

Unglaublich...

Eines Tages war ich in den österreichischen Alpen, um Murmeltiere zu beobachten. Was ich sah, hat mich sehr erstaunt. Ich sah Kinder, die Murmeltiere fütterten. Und eines der Murmeltiere trug eine Tafel Schokolade in seiner Schnauze. Ständig schaute es nach, was es da hatte, indem es die Alufolie von der Schokolade wickelte. Danach packte es die Tafel mit seinen kleinen Pfoten wieder ein, nahm sie zwischen die Zähne und ging ein paar Meter weiter, um erneut nachzusehen, was in der Folie versteckt war. Es war sich offenbar nicht recht sicher, ob dieses Ding auch essbar war.

Einerseits faszinierte mich die Geschicklichkeit, mit der das Murmeltier Schokolade und Verpackung handhabte. Andererseits machte ich mir große Sorgen um das Leckermäulchen, dem die Schokolade mit Sicherheit nicht bekommen würde. Es blieb mir nur die Hoffnung, dass es sie am Ende doch nicht fressen würde. Murmeltiere sind Wildtiere und dürfen nicht gefüttert werden, schon gar nicht mit Schokolade.

Spuren im Schnee

Um im Frühjahr die aus dem Winterschlaf erwachenden Murmeltiere aufzuspüren, musst du im Schnee nach fächerartigen gelblichen Flecken Ausschau halten. Wo der Fächer am schmalsten ist, liegt der Bau des Murmeltiers. Gibt es keinen Schnee, musst du die Bergwiesen eine Zeit lang still beobachten, um Murmeltiere zu entdecken.

Österreichische Murmeltiere

Am leichtesten kann man Murmeltiere in Österreich beobachten, und je höher man kommt, desto einfacher wird es. Die Murmeltiere haben dort wenig Angst vor Menschen und bewegen sich nur wenige Meter von den Touristen entfernt. Erscheint jedoch ein Adler am Himmel, erstarren sie für den Fall der Fälle in ihrer Habachtstellung und verschwinden danach schnell in ihren Löchern.

Auf leisen Sohlen

Beim Beobachten der Murmeltiere musst du sehr still sein, denn auf Lärm reagieren die possierlichen Tiere empfindlich. Während eine Murmeltiergruppe nach leckeren Kräutern sucht, hält meist eines Wache und beobachtet die Umgebung. Die Jungen dösen zufrieden an einem sonnigen Plätzchen. Diese Idylle ist sofort gestört, wenn ein Mensch dem anderen etwas zuruft oder den Wanderpfad verlässt. Auf einen warnenden Pfiff des Wächters hin verschwindet die ganze Bande blitzartig im Bau.

Bei Gefahr verstecken sie sich notfalls auch zwischen den Felsen.

Fleißiges Tierchen

Das Winterquartier der Murmeltiere kann bis zu 3 Meter unter der Erde liegen. Nach dem Winterschlaf machen sie erst einmal ausgiebig Frühjahrsputz. Sie entfernen das viele Heu aus dem Bau, mit dem sie ihr Winterlager ausgelegt hatten. Für den Bau der Gänge und Höhlen braucht die ganze Murmeltierfamilie sehr viel Zeit und Kraft. Es ist schließlich nicht so einfach, im felsigen Boden tief zu graben. Die ganze Murmeltiersippe hat damit im Frühjahr und Sommer reichlich zu tun. Wenn der Sommer zu Ende geht, kommt noch das Sammeln von Vorräten und Heu für den Winter dazu. Deshalb sind Murmeltiere immer beschäftigt und in Bewegung, sodass ein Beobachter nur ein paar Minuten Geduld braucht, um sie zu Gesicht zu bekommen.

Nach etwa 5 Wochen Tragezeit bringt die Murmelmutter bis zu 6 Junge zur Welt, die anfangs nur etwa 30 g wiegen und nackt und blind sind. Sie wachsen nur ganz langsam heran und ans Tageslicht kommen sie erst im Sommer.

Heu für den Winter

Die beiden kräftigen Pfoten des Murmeltiers enden in langen Krallen. Sie sind nicht nur ein hervorragendes Werkzeug zum Graben von Gängen. Sie eignen sich darüber hinaus sehr gut als Greifwerkzeuge und die Tiere sind sehr geschickt im Umgang mit ihren beiden putzigen Pfötchen.

Die größten Feinde der Murmeltiere sind Adler und Füchse, manchmal auch Luchse. Auch unbedachte oder lärmende Touristen schaden den Tieren.

EICHHÖRN-CHEN

Sciurus vulgaris
Körperlänger: 20–25 cm
Gewicht: 200–300 g
Lebensdauer: 5–8 Jahre

EICHHÖRNCHEN

PUTZIGES KERLCHEN

Das Eichhörnchen ist wohl unser beliebtestes Nagetier. Es ist tagsüber aktiv und deshalb gut zu beobachten, etwa in Parks oder im Wald. Es hat ein schönes rotbraunes Fell und einen buschigen Schwanz, der ihm während seiner Sprünge zwischen den Baumkronen als Steuerruder dient.

STECKBRIEF

Ausgewachsene Eichhörnchen sind etwa 20 cm lang, wozu noch einmal 20 cm für den Schwanz kommen. Sie bringen etwa ein halbes Pfund auf die Waage, im Herbst etwas mehr, vor allem wenn es in der Gegend besonders viele Haselnüsse gibt. Eichhörnchen, die in den Bergen leben, sind sehr dunkel, fast schon schwarzbraun.

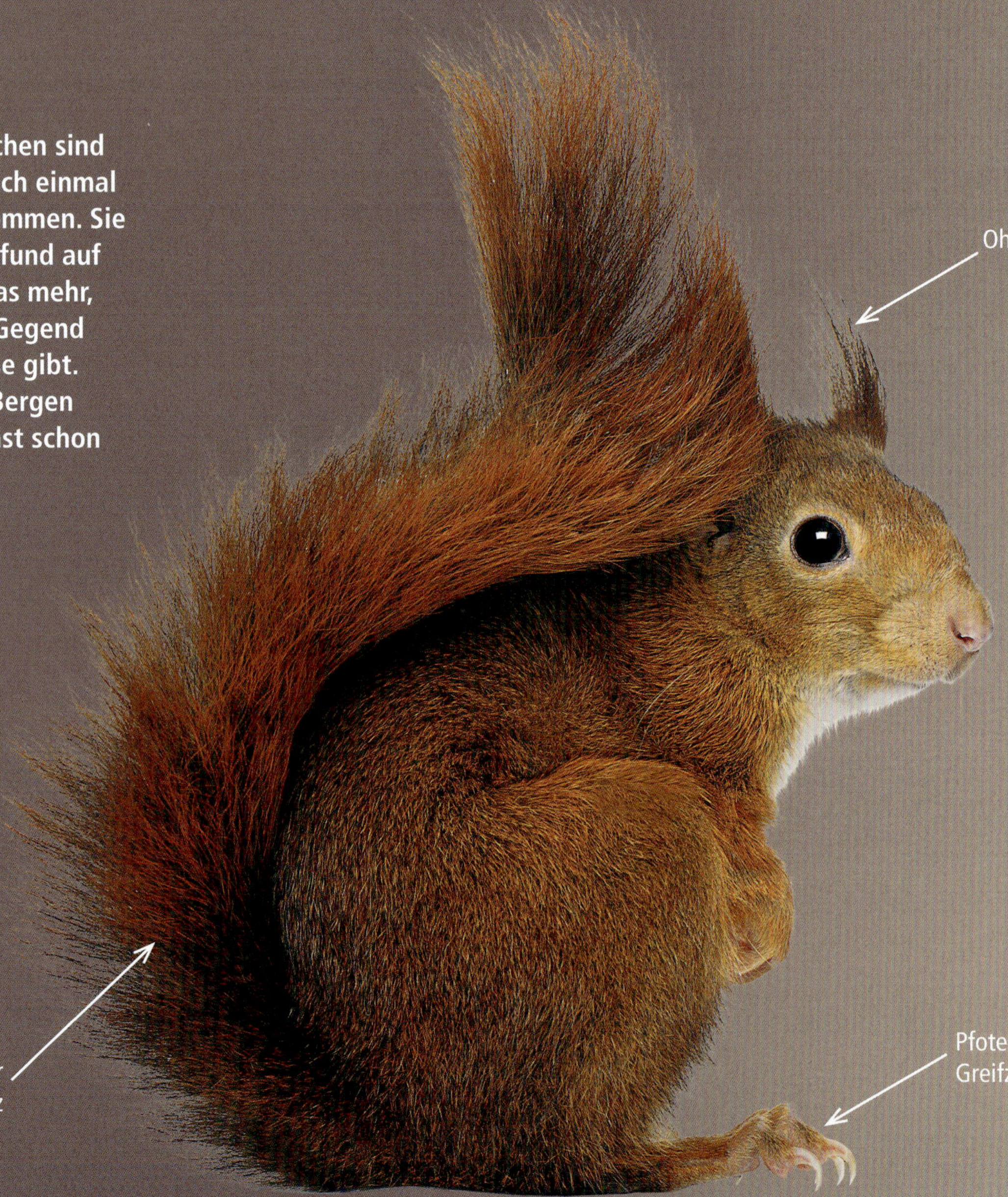
Ohrpinsel
Buschiger Schwanz
Pfoten mit Greifzehen

Hoch in den Bäumen

Eichhörnchen bauen sich Nester, auch Kobel genannt. Dann schlafen sie und ziehen ihre Kleinen groß. Sicher habt ihr schon mal solche kugeligen Gebilde aus grünen Zweigen in Baumkronen entdeckt. Sie sind großzügig mit Fasern der Pappelrinde oder mit ähnlichen Materialien ausgepolstert.

Natürliche Feinde

Füchse oder Katzen jagen Eichhörnchen auf dem Boden. Habichte greifen aus der Luft an. Die größte Bedrohung sind aber Baummarder, die ihnen bis in die Kronen der Bäume folgen. Krähen und Eichelhäher rauben den Eichhörnchen zudem die eingelagerten Vorräte. Vor ihren Feinden fliehen die flinken Hörnchen durch rasches Klettern und waghalsige Sprünge.

Im Winter nutzen Eichhörnchen leer stehende Baumhöhlen sehr gerne als Übernachtungsplatz und Vorratskammer. Ist es draußen eisig und nass, bleiben sie in ihrer Höhle und schlafen so viel wie möglich. Einen richtigen Winterschlaf halten sie jedoch nicht.

In den Bergen lebende Eichhörnchen sind sehr dunkel.

Das Eichhörnchen ist bei Groß und Klein beliebt.

Im Winter sehen Eichhörnchen immer wieder nach, ob ihre versteckten Vorräte noch da sind.

Kurze Kindheit

Nach der Paarungszeit im Frühling und einer 38 Tage dauernden Tragezeit wirft das weibliche Eichhörnchen 2–6 Junge. Die Augen der Kleinen öffnen sich erst nach einem Monat, aber sie wachsen sehr schnell und mit 2 Monaten nehmen sie schon feste Nahrung zu sich. Nach weiteren zwei Wochen sind sie selbstständig. Das Weibchen hat also genug Zeit, um 2- oder sogar 3-mal im Jahr Nachwuchs zu bekommen und ihn zu versorgen. Wo es wenig Marder gibt, nimmt der Bestand deshalb rasch zu. Im Park kannst du versuchen, sie mit ihrer Leibspeise zu locken: Nüsse.

Eichhörnchen-Leckereien

Nüsse sind aber nicht das Einzige, was Eichhörnchen mögen. Sie fressen sowohl Pflanzen als auch Tiere. Besonders schmecken ihnen Fichten- oder Kiefernzapfen, die sie von ihren Schuppen befreien, um an die aromatischen Samen zu gelangen. Auf dem Boden unter fruchttragenden Fichten finden wir die charakteristisch abgenagten Zapfen. Eichhörnchen fressen auch Bucheckern und Eicheln und verschiedene Insektenarten. Manchmal plündern sie Vogelnester. Deshalb achten die Waldvögel sehr darauf, dass ja kein Eichhörnchen ihren Nestern zu nahe kommt.

Durch Eichhörnchen abgenagter Zapfen

95

Haselnüsse

In Parkanlagen fressen Eichhörnchen oft aus der Hand.

WOLF

Canis lupus

Schulterhöhe: 60–90 cm
Körperlänge: 100–130 cm
Gewicht: 30–60 kg
Lebensdauer: 12–16 Jahre

WOLF
WIE IM MÄRCHEN?

Fast jeder denkt bei einem Wolf sofort an das Märchen vom Rotkäppchen. In Erzählungen wird der Wolf oft als böse und grausam dargestellt. Dabei hat der Mensch den Wolf hierzulande vor langer Zeit ausgerottet. Erst allmählich kehrt er zu uns zurück. Seit er unter Schutz gestellt wurde, wandern immer mehr Wölfe aus Osteuropa über die grüne Grenze zu uns.

STECKBRIEF

Der Wolf sieht einem Schäferhund ähnlich, ist aber größer, kräftiger und hat längere Beine. Sein Schwanz ist ziemlich buschig.

Das Fell besteht aus langen und steifen Deckhaaren und kurzem Unterfell. Die langen Haare bilden eine Mähne, die der Wolf drohend aufrichten kann.

Aufgestellte, ziemlich kurze Ohren

Helle Schnauzenunterseite

Scharfe Reißzähne und kräftiges Gebiss

Das Rudel – eine Familiensache

Ein Wolfsrudel setzt sich aus den Eltern und ihrem Nachwuchs zusammen, wobei auch Kinder aus den Vorjahren dabei sein können. Die Größe des Rudels schwankt zwischen 5–10 Tieren. In anderen Breitengraden, etwa in Kanada oder Alaska, kann ein Rudel aber auch bis zu 20 Tiere umfassen. Das erleichtert die Jagd auf Hirsche und Elche.

Bund fürs Leben

Das Männchen, der Wolfsrüde, bindet sich nach Verlassen seines Heimatrudels lebenslang an ein Weibchen, die Fähe. Nach der Paarung im Februar oder März und einer zweimonatigen Tragezeit kommen die Wolfswelpen zur Welt, meistens 4–6. Die Wölfin bringt sie in einer von ihr gegrabenen Erdhöhle, an einem ruhigen Platz unter einem entwurzelten Baum, in einem Felsspalt oder in einem für ihre Zwecke vergrößerten Dachsbau zur Welt. Die Welpen können ihre Augen erst 2 Wochen nach der Geburt öffnen und aus der Höhle wagen sie sich erst, wenn sie einen Monat alt sind.

Wolfsschule

Im Herbst dürfen die jungen Wölfe erstmals zusammen mit ihren Eltern auf die Jagd gehen. Um gute Jäger zu werden, haben sie viel zu lernen.

Früher griffen Wölfe oft Pferde und andere große Nutztiere auf ihren Weideflächen an. Heute sind solche Zwischenfälle selten, aber hin und wieder wird auch mal ein Schaf oder ein Kalb vom Wolf angegriffen.

Zwei Hirsche pro Woche

Ein Hirsch ist eine gute Mahlzeit für ein Wolfsrudel und ernährt die Tiere einige Tage lang. Bis die Beute ganz aufgefressen ist, bleiben die Wölfe in ihrer Nähe. Ein mittelgroßes Rudel benötigt zwei Hirsche pro Woche. Wölfe jagen aber auch Rehe, Wildschweine und Hasen. Auch Aas und Nagetiere dienen als Nahrung. Sie greifen auch Schafe und Kälber an. Hütehunde und Elektrozäune sollen den Wolf von unseren Nutztieren fernhalten.

Festgäste

Der Wolf spielt in der Wildnis eine wichtige Rolle. Er fängt vor allem schwache, kranke und alte Tiere und erhält so den Bestand der bejagten Gattung gesund. Im Winter bieten Reste der von Wölfen erbeuteten Tiere vielen anderen Arten eine Möglichkeit zu überleben. Krähen sind in der Regel die Ersten, die das Aas entdecken. Die Gegenwart der Krähen lockt wiederum andere Festgäste an: Eichelhäher, Mäusebussarde, Seeadler und junge Steinadler, Habichte, Meisen und in der Nacht Füchse und Marder. Ein Rudel jagender Wölfe sorgt also nicht nur für sich, sondern auch für viele andere Tiere.

Der Wolf im Sprichwort

Der Wolf als wildes, stolzes und gefährliches Tier hat seinen Weg nicht nur in Märchen und Fabeln gefunden, sondern auch in viele Sprichwörter und Redewendungen. Manchmal ist ein Mensch „hungrig wie ein Wolf". Ein erfahrener Seemann ist ein „Seewolf", ein Mensch, der gerne für sich allein ist, ein „einsamer Wolf". Das Küchengerät Fleischwolf wurde nach dem reißenden Wolf benannt und wenn man sich „wie durch den Wolf gedreht" fühlt, ist man völlig erschöpft. Ein „Wolf im Schafspelz" ist ein böser Mensch, der sich harmlos und unschuldig gibt. Man kann sich „einen Wolf suchen", wenn man lange und vergeblich sucht. Wer „mit den Wölfen heult", schließt sich der Meinung anderer Menschen an, auch wenn sie ihm nicht gefällt. Den „Wölfen zum Fraß vorgeworfen" wird man durch eine Person, die einem in den Rücken fällt, um sich selbst zu schützen. Und mehr als zweitausend Jahre alt ist der Spruch „Der Mensch ist dem Menschen ein Wolf". Er bedeutet, dass ein Mensch sich einem anderen gegenüber manchmal wie ein wildes Tier verhält.

Vorfahre des Hunds

Weil der Wolf der Urahn des Hunds ist, zeigen Hunde ein ähnliches Verhalten. Vor vielen Tausend Jahren wurden die ersten jungen Wölfe gezähmt und für die Jagd abgerichtet. Das geschah vermutlich irgendwo in Asien. Weil Wölfe so gut riechen und hören können, waren sie bei der Jagd auf Großwild sehr nützlich. Später setzte man gezähmte Wölfe zur Bewachung von Häusern und Weidetieren ein.

Die Rangordnung

In einem größeren Wolfsrudel bekommt nur das stärkste Männchen mit dem stärksten Weibchen Nachwuchs. Die anderen klären durch Kämpfe, welchen Rang sie innerhalb des Rudels einnehmen. Wenn ein höherrangiges Tier in die Nähe eines untergeordneten kommt, nähert es sich mit durchgestreckten Beinen, angehobenem Schwanz und erhobenem Kopf. Der unter ihm stehende Wolf macht einen Buckel, senkt den Kopf und zieht den Schwanz ein. Wenn das nicht ausreicht, legt er sich auf den Rücken, zeigt seinen Bauch und winselt.

In der Demutshaltung zeigt der rangniedrigere Wolf dem ranghöheren seinen Bauch und Hals.

FISCHOTTER
Lutra lutra

Körperlänge ohne Schwanz:
35–60 cm
Gewicht: 10–20 kg
Lebensdauer: 10–15 Jahre

FISCHOTTER
DER WASSERMARDER

Der Fischotter ist ein Vertreter aus der Familie der Marder, der sich auf das Leben am und im Wasser spezialisiert hat. Man findet ihn an Flussläufen in fast ganz Europa. Allerdings ist er bei uns sehr selten. Wie sein Name schon verrät, ist Fisch die absolute Leibspeise des Otters und davon benötigt er eine ganze Menge.

STECKBRIEF
Der Körper eines Fischotters ist perfekt an das Leben im Wasser angepasst.

Dichtes, wasserfestes Fell, schlammfarben

Nasenlöcher und Ohren schließen sich unter Wasser.

Langer, kräftiger Schwanz

Schwimmhäute zwischen den Zehen an allen vier Pfoten

Außergewöhnlich intelligent

Sonja, eine Hündin, die mich gelegentlich auf Spaziergängen begleitet, ist eigentlich recht gutmütig. Ein frecher Otter hat sie aber einmal fast zur Weißglut gebracht. An einem winterlichen Sonntagmorgen während einer Wanderung hörte ich sie plötzlich in der Ferne aufgeregt bellen. Als ich bei ihr ankam, bot sich mir ein faszinierendes Bild. Auf einem großen zugefrorenen Teich war noch ein Streifen freies Gewässer zu sehen. Dort paddelte ein Fischotter träge mit dem Bauch nach oben. Er beobachtete die Hündin, die am Ufer entlanglief und bedrohlich bellte, sich aber nicht ins kalte Wasser traute. Schwamm der Fischotter auf das gegenüberliegende Ufer zu, raste Sonja so schnell sie konnte dorthin. Während sie rannte, änderte der kluge Otter einfach die Richtung und schwamm völlig gelassen in meine Richtung zurück. Als Sonja ihren Fehler erkannt hatte, raste sie ebenfalls in meine Richtung, während der Otter wieder gemächlich kehrtmachte. Dieses Spiel hätte noch ewig gedauert, wäre der Otter nicht schließlich untergetaucht und verschwunden.

Die Geschichte von Sonjas Begegnung mit dem Otter zeigt, wie intelligent dieses Tier tatsächlich ist. Obwohl der Hund nur wenige Meter entfernt war, blieb der Otter die ganze Zeit über gelassen. Er war sich offenbar völlig klar darüber, in Sicherheit zu sein, und durch seine kluge Taktik wäre der Hund sicher bald müde und das Spiel leid geworden.

Dank einer verbesserten Wasserqualität und der Renaturierung von Flüssen und Bächen nimmt ihr Bestand seit einigen Jahren zum Glück wieder zu und damit auch die Möglichkeit, ihnen zu begegnen. Ein solches Aufeinandertreffen ist ein tolles Erlebnis, das man nicht mehr vergessen wird. Und man bekommt eine kleine Ahnung davon, wie besonders diese Tiere sind.

Das Gebiss des Otters ist auf Fisch spezialisiert.

Außer Fischen frisst der Otter auch Frösche, Vogeleier, kleine Nagetiere und Krebse. Weichtiere nimmt er auch. Weil der Fischotter im Winter in der Regel nicht genug Futter findet, wiegt er nur einige Kilogramm. Im Herbst dagegen bringt ein ausgewachsenes Männchen fast 20 kg auf die Waage. Erschreckt sich ein Fischotter, kann er ohne aufzutauchen einige Minuten lang unter Wasser bleiben.

Unter Schutz

Der Fischotter ist eine geschützte Tierart und in ganz Europa noch immer sehr selten. Er benötigt klare fischreiche Gewässer. Am besten gefällt es ihm an einem nicht allzu tiefen Fluss mit ausreichend großen Überschwemmungsgebieten. Das Ufer sollte gut zugewachsen sein, damit er genügend Verstecke findet und ungestört an Land kommen kann. Zu seinen Feinden zählen Wölfe, Luchse, Seeadler und vor allem frei laufende Hunde.

Besonders wassertauglich

Der Fischotter ist an das Leben im und am Wasser perfekt angepasst. Sein Fell ist dicht und wasserabweisend. Schwimmhäute zwischen den Zehen und der lange starke Schwanz geben ihm Antrieb. Seine Augen sehen sowohl an Land als auch unter Wasser. Die Tasthaare an der Schnauze helfen ihm bei der Nahrungssuche im Wasser. Nasenlöcher und Ohren schließen sich unter Wasser. Und wenn der Fischotter taucht, hat er in seiner Kehle eine Barrière, die das Eindringen von Wasser in seine Lungen verhindert und es ihm gleichzeitig ermöglicht, unter Wasser Fische zu fangen.

Kindheit bei Familie Fischotter

Fischotter können zu jeder Jahreszeit zur Welt kommen. Ich weiß von Jungtieren, die im Herbst geboren sind. Die Winzlinge waren noch blind und hätten ohne menschliche Hilfe nicht überlebt. Die Tragezeit bei Fischottern dauert 2 Monate, kann aber bis zu einem halben Jahr länger dauern, wenn Wintermonate dazwischen liegen oder wenn das Weibchen unterernährt ist. Die jungen Fischotter, 2 bis 4 pro Wurf, werden in einem ufernahen Bau geboren, der einen Eingang unter Wasser hat. Im ersten Lebensmonat sind die Kleinen ganz hilflos und einige weitere Monate noch sehr unbeholfen. Selbstständig werden sie erst im folgenden Frühjahr, wenn ihre Mutter sich um den neuen Nachwuchs kümmern muss. Bis dahin lernen die Kleinen, wie sie jagen und sich vor Gefahren in Acht nehmen müssen. In ihrer Freizeit spielen sie miteinander und genießen die wärmende Sonne. Fischotter legen ihren Bau in ruhigen Gegenden an, fernab vom Menschen. Kein Wunder also, dass wir so wenig über ihr Familienleben wissen.

Fischotter werden mit etwa einem Jahr selbstständig.

Fischotter-Kinder sind aufgeweckt. Sie verbringen jede freie Minute mit Spielen und Herumtollen.

Ein eigenes Revier

Junge Erwachsene müssen sich ihr eigenes Revier suchen und nehmen dafür weite Wanderungen auf sich. Fischotter kann man dort finden, wo viel Wasser ist. Ihre Spuren sind sehr charakteristisch und gut erkennbar. Halte danach an Flüssen, Seen oder Teichen Ausschau, dann kannst du vielleicht einige erstaunliche Beobachtungen machen.

FELDHASE

Lepus europaeus

Höhe: 30 cm
Körperlänge: 60–70 cm
Gewicht: 3–6 kg
Lebensdauer: 10–13 Jahre

FELDHASE
IN EUROPA ZU HAUSE

Früher meinte man, Hasen seien Nagetiere. Heute zählt man sie zur Ordnung der Hasenartigen, zusammen mit einigen verwandten Gattungen in Asien, Afrika und Amerika. Unser Feldhase ist ein echter Europäer. Sogar sein wissenschaftlicher Name, *Lepus europaeus*, unterstreicht seine Zugehörigkeit zu unserem Kontinent.

Lange Ohren, die sogenannten Löffel

STECKBRIEF
Die charakteristischen Merkmale eines Hasen sind lange Ohren, lange Beine, Schnelligkeit und die Fähigkeit, sich sehr gut im Gelände tarnen zu können.

Die Ohren sind ständig in Bewegung und fangen selbst kleinste Geräusche auf.

Fell in Tarnfarben

Feiner Geruchssinn

Lange Beine

Vegetarier

Der Feldhase, auch Meister Lampe genannt, ist ein strenger Vegetarier, der etwa 70 verschiedene Pflanzenarten frisst, aber am liebsten Klee und Löwenzahn. Im Winter muss er auch von Baumrinde und Sträuchern leben, vor allem dann, wenn der Schnee sich über sein Grünfutter legt.

Freiheitsliebend

Wenn das Tauwetter im Frühling einsetzt, werden im März nach 6-wöchiger Tragezeit 5–6 Hasenbabys geboren. Junge, einjährige Weibchen bringen nur 1–2 Hasenkinder zur Welt. Die Neugeborenen sind mit einem weichen Fell bedeckt und können sofort sehen. Sie wiegen ungefähr 150 g und sind so groß wie eine kleine Kinderfaust. Die Häsin kann 3- bis 4-mal im Jahr Junge bekommen, das hängt von der Witterung und dem Nahrungsangebot ab. Als Haustier taugt der Feldhase übrigens überhaupt nicht. Im Gegensatz zu unseren Hauskaninchen ist er ein echtes Wildtier.

Löwenzahn

Der Hase beobachtet wachsam seine Umgebung und bemerkt sofort, wenn Gefahr droht.

Junge Hasen warten im Feld versteckt auf ihre Mutter.

Weggeduckt

Junge Hasen verstecken sich im Gras oder im jungen Getreide. Jeden Abend kommt die Häsin zu ihnen, um sie zu säugen. Das geschieht sehr schnell und sie ist dabei immer auf der Hut. Kein Wunder, wenn man weiß, wie viele Fressfeinde die Hasen haben, denken wir nur an Füchse, Raben und Habichte. Wenn wir junge Häslein im Gras entdecken, sollten wir sie also unbedingt in Ruhe lassen und uns entfernen. Denn wenn sie weglaufen, sind sie vielen Gefahren ausgesetzt und finden vielleicht nicht mehr zurück ins Familiennest, auch Sasse genannt. Sind die Häschen eine Woche alt, fressen sie schon Grünfutter, und wenn sie einen Monat alt sind, werden sie bereits selbstständig.

Die leicht vorstehenden Augen sorgen dafür, dass Meister Lampe sein Umfeld jederzeit im Blick hat.

Plötzliche Flucht

Hasen lieben es, sich in der Sonne zu wärmen. Sie verbringen viel Zeit mit der Fellpflege. Aus Drüsen, die sich in den Wangen befinden, reiben sie dabei Duftstoffe in die Fellhaare hinein. Manchmal hält der Hase auch ein Nickerchen, wobei er seine Augen schließt. Der Irrglaube, der Hase würde mit offenen Augen schlafen, kommt hingegen daher, dass er bei Gefahr reglos in seiner Kuhle verharrt und darauf hofft, von seinen Feinden nicht entdeckt zu werden. Doch er ist die ganze Zeit hellwach und beobachtet scharf die Umgebung. Erst wenn er keine Chancen mehr sieht, unbemerkt zu bleiben, springt er plötzlich in Riesensätzen davon.

Doppelt schwanger

Das Hasenweibchen kann doppelt schwanger sein. Das bedeutet, dass in ihr gleichzeitig zwei verschiedene Würfe heranwachsen können. Durch diesen Trick der Natur kann sie bis zu vier Würfe im Jahr bekommen. Wie viel Nachwuchs es bei Meister Lampe gibt, hängt vor allem vom Wetter im Frühjahr ab. Je wärmer und trockener es ist, wenn der erste Wurf das Licht der Welt erblickt, desto mehr Hasen wird das Jahr bringen. Ein Feldhase kann das hohe Alter von 12 Jahren erreichen, aber das passiert nur einigen wenigen Glückshasen.

Paarungszeit

Im Februar beginnt die Paarungszeit. Die männlichen Hasen oder Rammler werben um die Häsinnen. Sie tun es, indem sie ausgiebig rennen, springen, Haken schlagen und miteinander boxen.

Ein ausgewachsener Hase kann bis zu 70 km pro Stunde rennen, seine Laufrichtung mehrmals in einem scharfen Winkel ändern, 2 Meter nach oben und 4 Meter vorwärts springen, über glattes Eis laufen und sogar schwimmen.

Zur Paarungszeit kommt es häufig zu Boxkämpfen.

Hasenspuren im Garten

Wenn ein Hase durch den Garten hoppelt, hinterlässt er eine unverkennbare Spur. Beim Hoppeln schiebt er seine Hinterläufe an den Vorderläufen vorbei und setzt sie seitlich rechts und links von seinem Körper ab, während seine Vorderläufe hintereinander unterhalb seines Bauchs und damit hinter den Hinterläufen abgesetzt werden. Die Spur besteht also aus 4 Pfotenabdrücken: die ersten beiden (von den Hinterläufen) nebeneinander und dahinter die beiden Abdrücke der Vorderpfoten hintereinander. Hat man einen Hasen im Garten, kann man für ihn im Winter Heu und Möhren auslegen. Daran wird er sich bestimmt gerne bedienen.

108

SUMPFSCHILD-KRÖTE

EIN URIGES REPTIL

In unseren Breitengraden sind viele Reptilien heimisch. Das größte von ihnen und die einzige bei uns heimische Schildkröte ist die Europäische Sumpfschildkröte. In Deutschland und Österreich ist sie vom Aussterben bedroht. In der Schweiz gibt es hingegen noch einige Bestände. Weil sie inzwischen so selten ist, werden für diese Gattung eigens Schutzgebiete geschaffen.

STECKBRIEF

Der Panzer einer Sumpfschildkröte ist meist dunkelbraun bis schwarz und weist häufig ein Muster aus gelben Punkten oder Linien auf. Er ist oval, also eiförmig, und vergleichsweise flach. Der Schwanz der Sumpfschildkröte ist etwa halb so lang wie ihr Panzer. Ihre Füße enden in Zehen mit Krallen, die durch Schwimmhäute verbunden sind. Sumpfschildkröten können bis zu 100 Jahre alt werden.

Die rüsselartige Nase wird zum Luftholen aus dem Wasser geschoben.

Ovaler Panzer mit gelblichen Mustern und Flecken

Schwimmhäute erleichtern das Vorankommen im Wasser.

Runde Pupillen mit orangefarbener bis gelber Iris

Sumpfschildkröten
verbringen die meiste
Zeit im Wasser.

Herr und Frau Schildkröte

Die Weibchen der Sumpfschildkröte sind größer als die Männchen. Ihre Augen haben eine gelbe Iris, während die der Männchen eher orange ist. Im Frühling nach der Winterstarre beginnt die Paarungszeit. Anfang Juni, wenn die Schwertlilie blüht, sucht das Weibchen nach einem geeigneten Platz für die Eiablage, am besten eine sonnige sandige Lichtung. Dort gräbt sie ein etwa 15 cm tiefes Loch. Anschließend legt sie vorsichtig 5 bis 15 Eier in dieses Nest. Dann deckt sie es mit Erde zu und klopft diese mit ihrem Brustpanzer fest.

Schildkröteneier sind weiß, weich, oval und 2 bis 3 cm groß. Die Jungen schlüpfen meist nach etwa 3 Monaten. Wie lange die Brutzeit ist, hängt aber von der Umgebungstemperatur ab. Kommt der Winter zu früh, dann stoppt die Entwicklung und setzt erst im nächsten Frühjahr wieder ein.

Raus aus dem Ei!

Am Ende der Brutzeit durchschlagen die Jungen die Eierschale mithilfe eines Eizahns, ehe sie aus dem Ei herauskrabbeln. Dabei schieben die Schlüpflinge zuerst die Nase und ein Vorderbein durch die Öffnung in der Schale und befreien sich dann nach und nach ganz. Das Schlüpfen ist für die Kleinen sehr anstrengend und kann bis zu 3 Stunden dauern. Kein Wunder, dass die meisten Jungtiere danach erst einmal eine längere Pause einlegen müssen. Wenn sie sich erholt haben, suchen sie den Schutz eines nahen Gewässers auf. Die Schlüpflinge sind gerade einmal 2–3 cm groß und wiegen nur etwa 5 g. Ihr Panzer ist noch ganz weich und bietet ihnen kaum Schutz. Schildkrötenkinder müssen deshalb immer auf der Hut sein, um ihren zahlreichen Feinden zu entgehen. Es dauert noch mehrere Jahre, bis der Panzer ausgehärtet ist und den Tieren ein sicheres Versteck bietet.

Das Weibchen legt seine Eier in ein selbst gegrabenes Erdnest.

Zugezogener Konkurrent

Schildkröten sind durch Fischernetze gefährdet, weil sie sich darin verfangen können. Ein Feind der Sumpfschildkröte ist aber auch die Rotwangen-Schmuckschildkröte. Die aus Nordamerika stammenden und dekorativen Reptilien werden absichtlich oder aus Unwissenheit immer wieder in unsere Natur entlassen. Sie können sich bei uns nicht vermehren, aber sie leben viele Jahrzehnte, in denen sie unseren einheimischen Schildkröten den Lebensraum und die Nahrung streitig machen. Deshalb ist es eine sehr schlechte Idee, diese Tiere in die Freiheit zu entlassen. Sie richten in der Umwelt einen großen Schaden an.

Vorkommen der Rotwangen-Schmuckschildkröte sollten unbedingt einem Naturschutzverein gemeldet werden.

Gewohnheiten

Die Sumpfschildkröte jagt unter Wasser. Sie kann bis zu einer halben Stunde tauchen. Im Winter fällt sie, im Schlamm vergraben, in einen Winterschlaf, der von Oktober bis Ende April oder Anfang Mai dauert, bis das Eis verschwunden ist. Sie ernährt sich von Wasserinsekten und ihren Larven, von Schnecken, Kaulquappen, Fröschen und kleinen Fischen.

Libelle

Kaulquappe

Sie mag tote Fische, auch wenn sie schon stinken.

Aufmerksam lauert die Schildkröte im flachen Wasser.

WISENT

Bison bonasus
Schulterhöhe: 150–180 cm
Länge: 3,0–3,5 m
Gewicht: 400–900 kg
Lebensdauer: 15–20 Jahre

WISENT
DER GRÖSSTE EUROPÄER

Der Wisent, oder der Europäische Bison, ist das größte Tier in Europa und eines der größten paarhufigen Säugetiere überhaupt. Seit einigen Jahren läuft ein Versuch, wilde Wisente wieder im Rothaargebirge anzusiedeln.

In Wisentherden leben mehrere Generationen zusammen.

Massiger, dicht behaarter Kopf

Kräftige, nach innen gebogene Hörner

Starke Beine , für einen schnellen Start zur Flucht oder zum Angriff

Angriff ohne Vorwarnung

Der Wisent ist ein gewaltiges Säugetier mit relativ kleinen Hörnern. Er kann sehr gefährlich werden. Besonders ältere Bullen, die allein durch den Wald streifen, greifen gelegentlich Eindringlinge, auch Menschen, an. Genauso vorsichtig muss man bei Weibchen sein, die sich um neugeborene Kälber kümmern. Man darf ihnen auf keinen Fall zu nahe kommen.

STECKBRIEF

Ein ausgewachsener Bulle kann fast 1000 kg auf die Waage bringen. Er wird 170–180 cm groß und etwa 3,5 m lang. Das Weibchen, die Kuh, ist deutlich kleiner. Sie wiegt 400–600 kg und ist 150–160 cm groß.

Ausgeprägt buckliger Rücken beim Bullen

Stark und schnell

Das Wisentfell wechselt seine Farbe je nach Jahreszeit: Im Sommer ist es kastanienbraun, im Winter sehr viel dunkler, fast schwarz. Der Wisent kommt auch im undurchdringlichen Walddickicht sehr gut zurecht. Sein mächtiger Kopf, mit Hörnern bewaffnet und dicht behaart, bricht jeden Weg durch Hindernisse frei, sei es Gestrüpp oder kleinere Bäume. Sein an den Seiten enger werdender Körper quetscht sich erstaunlich leicht durch das dichte Unterholz und das muskulöse Hinterteil gibt dem Riesen Kraft zu schnellen Sprints.

Die Hörner sind beim Männchen stärker als beim Weibchen.

Der Wisent kann schnell galoppieren und sogar über 3–4 m hohe Hindernisse springen.

Dunkelbraunes Fell, im Winter länger und dichter

Breite, starke Klauen, die tiefe Abdrücke hinterlassen

Familienleben

Mit drei Jahren sind Wisente erwachsen. Im vierten Jahr wirft die Kuh ihr erstes Kalb. Ein Bulle wird aber erst im Alter von 6-7 Jahren Vater, weil er erst dann groß und stark genug ist, um den Kampf um ein Weibchen zu gewinnen. Die Brunft der Wisente dauert von August bis Oktober. In dieser Zeit bewachen die Bullen ihre Weibchen, stellen ihre Kraft zur Schau, und manchmal kämpfen sie auch auf Leben und Tod. Die Kuh ist 9 Monate lang trächtig, sodass die Kälber im Frühjahr zur Welt kommen. Bei der Geburt wiegen sie 16 bis 30 kg. Ein Jahr lang trinken sie die Milch ihrer Mutter, als Hauptnahrung aber nur in den ersten Wochen. Sehr bald fangen sie an, junges Gras zu fressen, das auch für die erwachsenen Wisente ein Leckerbissen ist.

Wappen von Jabel

Wappen von Wiesenbach

Im Frühling verlassen Wisente gerne den Wald, um auf frischen Weiden zu grasen.

Eichel

Buchecker

Symbol der Macht

Für unsere Vorfahren war der Wisent ein Symbol der Macht. Deshalb malten sie ihn gerne auf ihre Wappen und Schilde. Dort, wo Wisente früh ausgestorben sind (auf den Britischen Inseln im 12. Jahrhundert, in Frankreich im 16. Jahrhundert, in Deutschland im 17. Jahrhundert), sind Wappen mit Wisenten selten. In Deutschland haben etwa Schleiz und Wiesenbach einen Wisent im Wappen, und seit 2009 auch Jabel, in dessen Nähe eine Wisentgehege angelegt wurde. In Polen und Weißrussland finden sie sich auf den Wappen zahlreicher Städte. In Rumänien und Moldawien zieren sie sogar die Länderwappen. Wisente wurden also überall wegen ihrer Kraft und ihres majestätischen Verhaltens hoch geachtet. Heute versuchen Zoologen auf der ganzen Welt, die Wisente so gut sie können zu hegen und zu pflegen.

Wisente können sehr gut riechen, aber weniger gut sehen und hören.

Vegetarier

In der freien Natur lebende Wisente sind erstaunlich zurückhaltend, still und vorsichtig. Wenn sie sich bedroht fühlen, verschwinden sie geräuschlos im Walddickicht. Im Frühling kommen sie gerne auf sonnige Waldlichtungen, wo sie frisches Gras finden. Außer Gras fressen sie Segge, junge Baumtriebe, frische Strauchspitzen, Eicheln, Bucheckern und Kastanien. Im Winter halten sie sich an die Rinde junger Eichen, Eschen, Espen, Fichten und Buchen, und suchen unter dem Schnee nach gefrorenen Brombeertrieben, deren Blätter auch im Winter noch grün sind.

Zurück in die Natur

Der Wisent ist ein Beispiel für aktiven Naturschutz. Bereits im Jahr 1919 waren die letzten wilden Wisente im polnischen Białowieża getötet worden. Nur 7 Jahre später starb auch das letzte frei lebende Tier der Untergattung Kaukasischer Wisent. Der polnische Zoologe Jan Sztolcman hatte die Idee, in Zoos lebende Wisente auszuwildern und damit ihren Bestand dauerhaft zu retten. Schon 1929 wurden im Białowieża-Urwald die ersten 12 Wisente ausgewildert. Heute gibt es den größten Bestand wild lebender Wisente in polnischen Naturschutzgebieten (derzeit über 1000 Exemplare). Wilde Herden leben aber auch wieder in Weißrussland und in der Ukraine. In Deutschland wurde im Rothaargebirge eine 8-köpfige Wisentherde ausgewildert, die inzwischen auf 20 Tiere angewachsen ist. Der Wisent wurde also mithilfe von Zoos gerettet!

116

DIE VOGELUHR

WER ZWITSCHERT DA?

Im Frühling, wenn die Brutzeit unserer heimischen Vögel ihren Höhepunkt hat, könnte man sich an die spannende Aufgabe machen, ihre Gesänge bestimmten Uhrzeiten zuzuordnen. Das ist nicht einfach, aber wer sich mit Vogelstimmen auskennt, kann beim Hören des Konzerts hinter dem Fenster mit geschlossenen Augen nicht nur die Landschaft und Gegend bestimmen, in der die Vögel singen, sondern auch die Tageszeit. Um das zu können, muss man oft in die Natur gehen, immer wieder Aufnahmen von Vogelstimmen hören und von Menschen lernen, die darin Experten sind.

Der frühe Vogel

Nehmen wir einmal an, es ist früh am Morgen und wir befinden uns am Rand einer kleinen Stadt. Welcher Vogel wird uns wecken?

Rotschwänzchen
🕐 3.00

Der allererste Vogel, der uns schon um **3.00** Uhr morgens ein Liedchen singt, ist ganz sicher das **Rotschwänzchen**.

Die nächste Stimme, ein flötendes Pfeifen, gehört zur **Amsel**, die gegen **4.00** Uhr morgens, also noch vor Sonnenaufgang, mit ihrem Konzert beginnt.

Amsel
🕐 4.00

Buchfink
🕐 5.00

Um **5.00** Uhr herum singt jeder Vogel, der eine Stimme hat, aber am stärksten werden wir den **Buchfink** heraushören.

Morgendliches Getriller

Gegen **7.00** Uhr legen die Vögel eine Singpause ein. Nur einer ist dann noch mit seinem monoton-melancholischen Gesang zu hören: die **Singdrossel**.

Singdrossel
🕐 **7.00**

Um **6.00** Uhr ertönen die Gesänge des **Trauerschnäppers** und des **Gartenrotschwanzes**. Beide Arten lieben die Wärme.

Gartenrotschwanz
🕐 **6.00**

Sind in der Nähe jedoch Felder und Wiesen, wird um **6.00** Uhr die **Lerche** den Ton angeben. Das Männchen produziert Töne beim Einatmen und beim Ausatmen und berauscht sich geradezu an seiner eigenen Stimme, während es hoch durch die Lüfte flattert.

Trauerschnäpper
🕐 **6.00**

Stieglitz
🕐 **11.00**

Grünfink
🕐 **11.00**

Im Wald singen gegen **11.00** Uhr vor allem **Grünfinken** und **Stieglitze**.

Um **10.00** Uhr haben wir vielleicht das Glück, einige Takte von der **Gartenammer** zu hören, die sehr melodiös singt.

Gesänge am Vormittag

Um **9.00** Uhr sticht der **Pirol** hervor.

Blaumeise
🕐 **8.00**

Um **8.00** Uhr gehört der Wald den **Meisen** und **Kleibern**.

Pirol
🕐 **9.00**

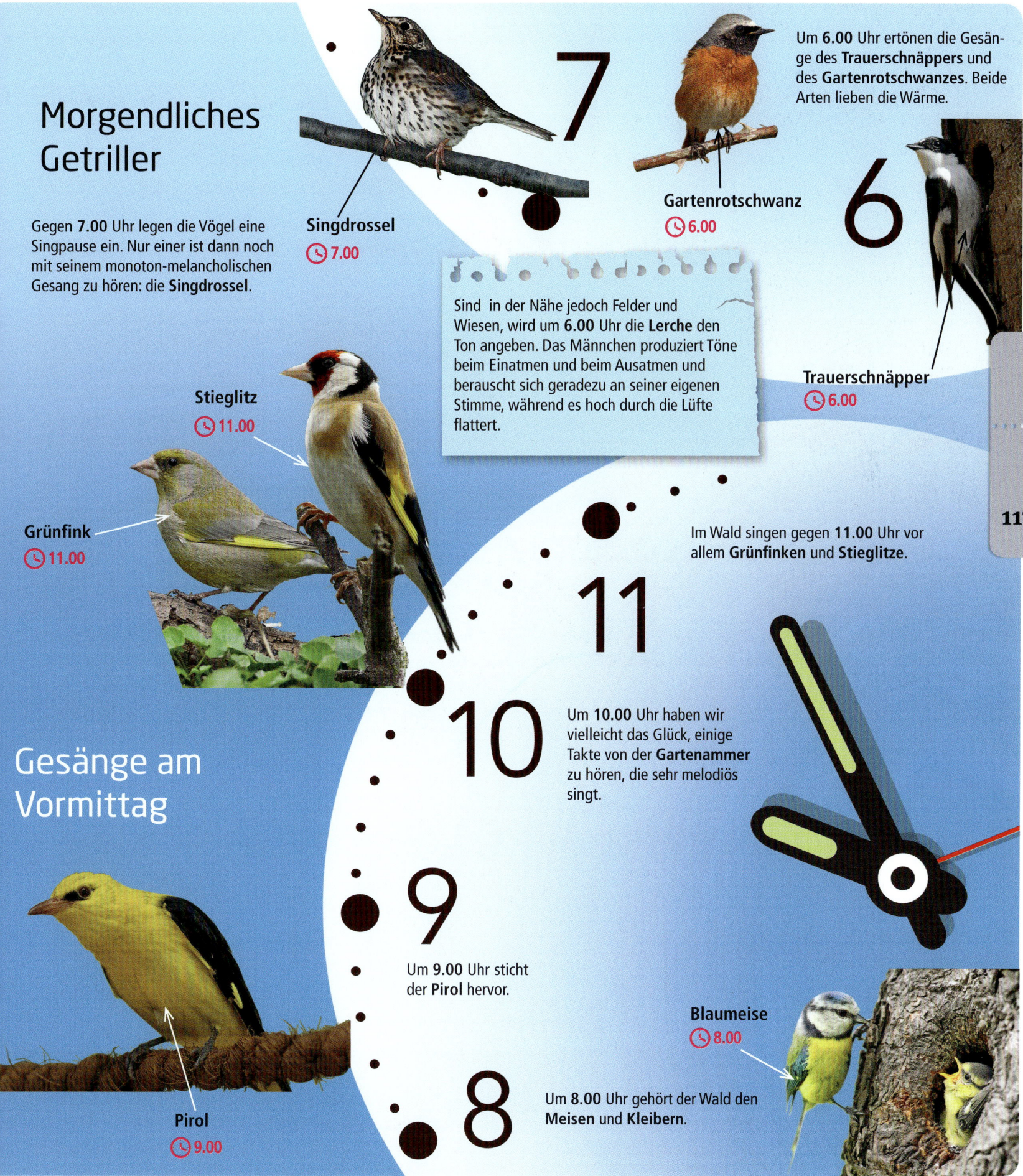

Zilpzalp
🕐 12.00

Fitis
🕐 13.00

Rebhuhn
🕐 18.00

Goldammer
🕐 12.00

Eichelhäher
🕐 15.00

Mittagspause

Zur Mittagszeit, das heißt gegen **12.00** Uhr, verstummt die ganze Vogelwelt. Nur der **Zilpzalp** und die **Gold-ammer** singen noch ihre eintönigen Lieder. Um **13.00** Uhr gesellen sich der **Fitis** und der **Zaunkönig** dazu, und etwas später der **Laubsänger** (wenn es nicht zu heiß ist) und der **Kuckuck**.

Nachmittags

Gegen **15.00** Uhr wird der Vogel-Chor wieder munter. **Wacholderdrosseln**, **Eichelhäher** und **Baumpieper** erheben ihre Stimmchen, und auf den Feldern die **Wachteln**.

Eine Stunde später, um **16.00** Uhr also, bekommen die Wachteln Unterstützung von den **Grauammern** und den **Wiesen-piepern**. Und um **17.00** Uhr stimmt auch der **Wachtelkönig** mit ein.

Am frühen Abend

Wenn auf den Feldern gegen **18.00** Uhr das vorabendliche Stimmengewirr einsetzt, können wir mit ein bisschen Glück das **Rebhuhn** hören.

Abendgesänge

Waldkauz
🕐 22.00

Um Mitternacht, um **24.00** Uhr also, ist es in der Vogelwelt eher ruhig. Aber es ist auch die Zeit, in der die **Nachtigallen** ein romantisches Konzert geben.

Wenn der Waldkauz gegen **23.00** Uhr verstummt, melden sich der **Raufußkauz** und die **Waldohreule** zu Wort.

Nächtliche Schreihälse

22.00 Uhr, gleich nach Sonnenuntergang, ist die Zeit der **Waldkäuze**. Flötgeräusche der Männchen mischen sich dann mit den schrillen Tönen der Weibchen.

Uhu
🕐 1.00

Rotkehlchen
🕐 20.00

Um **20.00** Uhr gehört der Wald dem **Rotkehlchen**. Um **21.00** Uhr wird fast nur die **Amsel** zu hören sein. Manchmal stimmen auch die **Heidelerche** und der **Ziegenmelker** mit ein, und natürlich die **Nachtigall**.

Gegen **1.00** Uhr in der Nacht werden die **Waldkäuze** wieder aktiv. In größeren Waldgebieten kommt der **Uhu** dazu und in Menschenansiedlungen die **Schleiereule**.

Um **19.00** Uhr herum schreit der **Wachtelkönig** auf den Wiesen unermüdlich sein Crexcrex in die Welt hinaus, es sei denn, es ist sehr heiß. Dann übernimmt die **Haubenlerche**, der die Hitze nichts ausmacht. Im Wald singt jeder, der kann.

Um **2.00** Uhr können wir vielleicht noch die **Heidelerche**, die **Nachtigall** und das **Rotschwänzchen** hören, aber eigentlich schweigen jetzt die meisten Vögel. Nur an Teichen und Seen kann es sehr laut werden, wenn **Haubentaucher** und **Wasserrallen** um die Wette schreien.

Wachtelkönig
🕐 19.00